머리말

누군가 여러분에게 물었습니다.
"오늘은 딱 10분만 공부해 볼까?"
여러분은 어떤 대답을 할 건가요? 골라 보세요.

> ☐ "10분이요? 그 정도는 식은 죽 먹기죠."
> ☐ "10분이나요? 10분은 너무 길어요."

1분이 10개가 모인 10분. 10분은 누군가에게는 짧은 시간이고, 다른 누군가에게는 긴 시간입니다. 여러분은 10분을 긴 시간이라고 생각하나요? 아니면 짧은 시간이라고 생각하나요?
10분이라는 시간은 이런 시간입니다.

- 10분은 아무리 바쁜 초등학생도 마음을 먹으면 낼 수 있는 시간입니다.
- 10분은 초등학교 1학년도 한 가지 일에 집중할 수 있는 시간입니다.
- 10분은 몰랐던 단어 2~3개쯤은 쉽게 익힐 수 있는 시간입니다.
- 10분은 생각보다 빨리 지나가 버리는 시간입니다.

하루 중 내가 10분 동안 집중할 수 있는 때는 언제인가요? 등교하기 전 10분? 1교시 시작하기 전 10분? 쉬는 시간 10분? 점심시간 10분? 학교 끝나고 10분? 방과 후 수업에 가기 전 10분? 저녁 먹기 전 10분? 씻고 나서 10분? 잠들기 전 10분?
이 중에서 여러분이 집중할 수 있는 시간을 골라 보세요. 그리고 딱 10분만 이 책을 펴고 책 속에 담겨 있는 학습어휘들과 놀아 보세요. 많이 놀 필요도 없습니다. 10분만, 딱 10분 동안만 놀면 됩니다. 그러면 여러분에게 이런 변화가 생길 거예요.

- ☐ 수업 시간에 선생님께서 설명하시는 내용이 쉽게 이해될 거예요.
- ☐ 국어, 수학, 통합 교과 수업 시간에 자연스럽게 집중할 수 있을 거예요.
- ☐ 교과서를 읽을 때 어려운 단어들이 없어질 거예요.
- ☐ 교과서를 읽은 다음, 머리에 남는 것들이 많아질 거예요.
- ☐ 뜻을 자신 있게 설명할 수 있는 어휘들이 많아질 거예요.
- ☐ 생각을 글로 표현하는 것에 익숙해질 거예요.

   이 책은 하루 10분 동안 교과서 속 어휘와 함께 노는 '놀이 책'입니다. 절대 공부라고 생각하지 마세요. 운동장에서 친구의 이름을 부르듯이 어휘를 크게 소리 내어 읽어 보세요. 운동장 골대에 공을 넣는 것처럼 빈칸에 학습어휘를 집어넣어 보세요. 부드러운 미끄럼틀을 타는 것처럼, 오늘의 어휘를 넣어 부드럽게 잘 읽히는 한 문장 글쓰기를 해보세요.

   하루 10분씩 꾸준하게 학습어휘와 놀다 보면 여러분은 어느새 신비한 능력을 가지게 될 거예요. 그 능력은 공부를 잘하게 만들어 주는 힘인 '문해력'입니다.

   이 책과 함께 여러분의 문해력을 쑥쑥 키워 나가세요!

박재찬 (달리쌤)

목차

머리말 2

학습 계획표 8

준비마당 문해력 이해하기

"선생님 ○○이 무슨 말이에요?" 12

문해력이란 무엇일까? 13

초등학교 때 문해력을 길러야 하는 이유 14

어휘의 한계는 학습의 한계 15

초등학교 1~2학년이라면 꼭 알아야 하는 학습어휘 모음 16

이 책 속 학습어휘는 어디서 왔을까? 18

학습어휘를 효과적으로 익히는 방법 19

첫째마당 국어 교과에서 문해력 다지기

01 이건 무슨 글자일까? 24

02 'ㄱ'부터 'ㅎ'까지 쓸 수 있을까? 26

03 'ㅏ'와 'ㅓ'는 어떻게 읽을까? 28

04 선생님께서는 어떤 말을 자주 사용하실까? 30

05 받침이 있는 글자를 읽고 써 볼까? 32

06 그림에 어울리는 문장을 써 볼까? 34

07 마침표(.), 쉼표(,), 물음표(?), 느낌표(!), 큰따옴표(" ")는 언제 쓸까? 36

08 그림일기는 어떻게 쓰는 걸까? 38
09 점심시간, 우리가 지켜야 할 일은 뭘까? 40
10 자신 있게 말하려면 무엇이 필요할까? 42
11 우리 말놀이 할까? 44
12 인물의 마음을 짐작해 볼까? 46
13 꾸미는 말을 넣어 글을 써 볼까? 48
14 바른말, 고운 말을 써 볼까? 50
15 시는 어떻게 읽어야 할까? 52
16 소리 나는 대로 썼는데 왜 틀렸을까? 54
17 흉내 내는 말을 넣어 글을 써 볼까? 56
18 내가 좋아하는 물건을 소개해 볼까? 58
19 생일에 나는 어떤 경험을 했을까? 60
20 인터넷 매체가 뭘까? 62

| 둘 | 째 | 마 | 당 |

수학 교과에서 문해력 다지기

01 가르기와 모으기를 해볼까? 66
02 덧셈과 뺄셈이 뭘까? 68
03 둘 중에 더 무거운 건 무엇일까? 70
04 50까지 수 세기를 해볼까? 72
05 100원이 다섯 개 있으면 얼마일까? 74
06 우리 반에서 ○, △, □ 모양을 찾아볼까? 76
07 칠교놀이는 어떻게 하는 걸까? 78

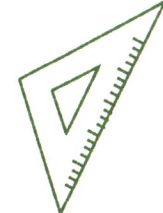
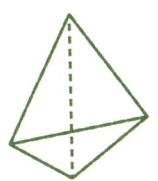

08 홀짝놀이를 해볼까? 80
09 지우개로 교과서의 길이를 재 볼까? 82
10 블록을 색깔별로 분류해 볼까? 84
11 묶어 센다는 게 뭘까? 86
12 1000원이 다섯 장 있으면 얼마일까? 88
13 곱셈구구란 무엇일까? 90
14 1m짜리 막대 과자를 만들어 볼까? 92
15 지금 시각이 몇 시야? 시간이 몇 시야? 94
16 바닥 무늬에서 규칙을 찾아볼까? 96

셋째마당 통합 교과에서 문해력 다지기

01 내 몸을 깨끗하게 하는 방법은 무엇일까? 100
02 어떻게 좋은 습관을 만들 수 있을까? 102
03 내 몸에는 어떤 부분이 있을까? 104
04 우리 가족을 소개해 볼까? 106
05 사촌은 나와 어떤 관계일까? 108
06 좋은 이웃이 되는 방법은 뭘까? 110
07 조심해! 안전하게 길을 건너 볼까? 112
08 친구를 어떻게 대해야 할까? 114
09 학교에 가면 뭘 할까? 116
10 우리 학교에는 어떤 교실이 있을까? 118

11 우리 마을엔 무엇이 있을까? 120
12 시장, 마트, 백화점은 뭐가 다를까? 122
13 우리나라 국기는 어떻게 생겼을까? 124
14 우리나라의 전통문화를 알아볼까? 126
15 다른 나라로 여행을 가 볼까? 128
16 우주를 탐험해 볼까? 130
17 하루 동안 내 몸무게는 어떻게 변할까? 132
18 한 해 동안 계절은 어떻게 변할까? 134
19 봄 날씨의 특징은 무엇일까? 136
20 여름 날씨의 특징은 무엇일까? 138
21 가을 날씨의 특징은 무엇일까? 140
22 겨울 날씨의 특징은 무엇일까? 142
23 과거와 미래 중에서 하나를 골라 볼까? 144
24 내가 할 수 있는 자연보호 방법은 무엇일까? 146

어휘 찾아보기 148

이 책에 나온 학습어휘와 주제 150

참고문헌 152

학습 계획표

이 책은 하루 10분, 2개월 완성으로 공부할 수 있도록 설계되었습니다. 그러나 아이들의 수준과 진도 상황에 따라 조절할 수 있습니다. 좀 더 빨리 마치고 싶다면 하루에 두 단원씩, 1개월 완성으로 해보세요.

1개월차

첫째 주	☐ 1일차	☐ 2일차	☐ 3일차	☐ 4일차	☐ 5일차	☐ 6일차	☐ 7일차
학습 내용	첫째 마당 국어 어휘 01	첫째 마당 국어 어휘 02	첫째 마당 국어 어휘 03	첫째 마당 국어 어휘 04	첫째 마당 국어 어휘 05	첫째 마당 국어 어휘 06	첫째 마당 국어 어휘 07
둘째 주	☐ 8일차	☐ 9일차	☐ 10일차	☐ 11일차	☐ 12일차	☐ 13일차	☐ 14일차
학습 내용	첫째 마당 국어 어휘 08	첫째 마당 국어 어휘 09	첫째 마당 국어 어휘 10	첫째 마당 국어 어휘 11	첫째 마당 국어 어휘 12	첫째 마당 국어 어휘 13	첫째 마당 국어 어휘 14
셋째 주	☐ 15일차	☐ 16일차	☐ 17일차	☐ 18일차	☐ 19일차	☐ 20일차	☐ 21일차
학습 내용	첫째 마당 국어 어휘 15	첫째 마당 국어 어휘 16	첫째 마당 국어 어휘 17	첫째 마당 국어 어휘 18	첫째 마당 국어 어휘 19	첫째 마당 국어 어휘 20	둘째 마당 수학 어휘 01
넷째 주	☐ 22일차	☐ 23일차	☐ 24일차	☐ 25일차	☐ 26일차	☐ 27일차	☐ 28일차
학습 내용	둘째 마당 수학 어휘 02	둘째 마당 수학 어휘 03	둘째 마당 수학 어휘 04	둘째 마당 수학 어휘 05	둘째 마당 수학 어휘 06	둘째 마당 수학 어휘 07	둘째 마당 수학 어휘 08
다섯째 주	☐ 29일차	☐ 30일차					
학습 내용	둘째 마당 수학 어휘 09	둘째 마당 수학 어휘 10					

2개월차

> 하루에 10분 동안 학습어휘를 공부하고, 그 어휘가 내 것이 되었다고 생각되면 크게 V 표시를 해보세요.

첫째 주	☐ 31일차	☐ 32일차	☐ 33일차	☐ 34일차	☐ 35일차	☐ 36일차	☐ 37일차
학습 내용	둘째 마당 수학 어휘 11	둘째 마당 수학 어휘 12	둘째 마당 수학 어휘 13	둘째 마당 수학 어휘 14	둘째 마당 수학 어휘 15	둘째 마당 수학 어휘 16	셋째 마당 통합 어휘 01
둘째 주	☐ 38일차	☐ 39일차	☐ 40일차	☐ 41일차	☐ 42일차	☐ 43일차	☐ 44일차
학습 내용	셋째 마당 통합 어휘 02	셋째 마당 통합 어휘 03	셋째 마당 통합 어휘 04	셋째 마당 통합 어휘 05	셋째 마당 통합 어휘 06	셋째 마당 통합 어휘 07	셋째 마당 통합 어휘 08
셋째 주	☐ 45일차	☐ 46일차	☐ 47일차	☐ 48일차	☐ 49일차	☐ 50일차	☐ 51일차
학습 내용	셋째 마당 통합 어휘 09	셋째 마당 통합 어휘 10	셋째 마당 통합 어휘 11	셋째 마당 통합 어휘 12	셋째 마당 통합 어휘 13	셋째 마당 통합 어휘 14	셋째 마당 통합 어휘 15
넷째 주	☐ 52일차	☐ 53일차	☐ 54일차	☐ 55일차	☐ 56일차	☐ 57일차	☐ 58일차
학습 내용	셋째 마당 통합 어휘 16	셋째 마당 통합 어휘 17	셋째 마당 통합 어휘 18	셋째 마당 통합 어휘 19	셋째 마당 통합 어휘 20	셋째 마당 통합 어휘 21	셋째 마당 통합 어휘 22
다섯째 주	☐ 59일차	☐ 60일차					
학습 내용	셋째 마당 통합 어휘 23	셋째 마당 통합 어휘 24					

문해력 이해하기

- "선생님 ○○이 무슨 말이에요?"
- 문해력이란 무엇일까?
- 초등학교 때 문해력을 길러야 하는 이유
- 어휘의 한계는 학습의 한계
- 초등학교 1~2학년이라면 꼭 알아야 하는 학습어휘 모음
- 이 책 속 학습어휘는 어디서 왔을까?
- 학습어휘를 효과적으로 익히는 방법

"선생님 ○○이 무슨 말이에요?"

> **선 영** "선생님, 낭송이 무슨 말이에요?"
> **선생님** "시를 읽을 때 크게 소리 내어 읽는 걸 낭송이라고 한단다."
> (다음 날)
> **선생님** "선영아, 어제 선생님과 함께 알아봤었지? 낭송이 무슨 뜻인지 설명해 볼래?"
> **선 영** "음…." (대답하지 못한다.)
> (다음 주)
> **선 영** "선생님! 그때 낭송이 무슨 뜻이라고 하셨죠?"

초등학교 1~2학년 학생들이 가장 자주 하는 질문은 "선생님, ○○이 무슨 말이에요?"입니다. "경험이 무슨 말이에요?", "생각이 무슨 말이에요?", "습관이 무슨 말이에요?"라고 외치죠. 물론 이렇게 모르는 어휘를 물어보는 학생이 있다면 그것만으로도 대견한 일입니다. 대부분의 학생들이 모르는 어휘를 '모른 채' 그냥 넘어가기 때문입니다.

초등학교 1~2학년 때 학습어휘를 제대로 익혀 두지 않으면 다음과 같은 일이 생깁니다.

- 선생님의 설명을 들었지만, 어떤 내용인지 이해하지 못합니다.
- 교과서를 읽었지만, 알아야 하는 핵심 내용을 이해하지 못합니다.

수업 시간에 열심히 참여한다고 하는데 이해하고 있는 내용이 별로 없다? 교과서나 학습지를 꾸준히 읽고 푸는데 알아야 하는 내용을 제대로 알지 못한다? 이러한 결과가 나오게 된 원인을 살펴보면 '학습어휘에 대한 이해 부족'이 그 중심에 있는 경우가 많습니다.

처음 보거나 잘 알지 못하는 학습어휘를 만났을 때 이를 제대로 익히지 않고 넘어가면 '반쪽짜리 문해(文解)'가 됩니다. 문해는 '글'이라는 뜻의 한자 '문(文)'에 '깨닫다'라는 뜻의 한자 '해(解)'가 합쳐져 만들어진 단어입니다. 만약 우리가 글을 읽었지만 그 내용이 무엇인지를 이해하지 못하거나 사용할 수 없다면 제대로 된 문해를 했다고 말할 수 있을까요? 아니겠죠?

그런데 이렇게 문해가 되지 않는 학생들이 교실에 정말 많습니다. 더욱 걱정되는 건 문해력이 부족한 학생들의 수가 점점 늘어나고 있다는 것입니다.

문해력이란 무엇일까?

독해할 수 있는 힘인 '독해력'은 예전부터 초등학생들이 꼭 길러야 하는 능력 중의 하나였습니다. 그런데 요즘 초등학생들에게 중요하다고 꼽히는 건 문해할 수 있는 힘인 '문해력'입니다. 독해와 문해, 비슷해 보이는데 무엇이 어떻게 다른 걸까요?

지금부터 집중해 주세요. 세상에서 가장 쉽게 독해와 문해를 설명해 드리겠습니다.

독해와 문해, 모두 한자어입니다. 한자 풀이를 하면 독해(讀解)는 글을 읽고 이해하는 것이고, 문해(文解)도 글을 읽고 이해하는 것입니다. 이게 무슨 소리냐고요? 한자 풀이만 보면 두 단어가 비슷한 말입니다. 하지만 경제개발협력기구(OECD)에서 정의한 문해력의 개념에는 읽고 이해하는 것 이외의 기능들이 등장합니다.

> 문해력이란 글을 이해하고, 평가하고, 사용하고, 글로 소통하는 능력이다.*

즉 문해력의 개념에는 읽고 이해하는 것 외에 평가하고, 사용하고, 소통하는 능력이 추가됩니다. 그래서인지 요즘 문해력이라는 단어가 사용되는 경우를 보면 글을 읽고 이해하는 것을 넘어 사용하는 것까지 포함할 때가 많습니다. 그래서 이 책에서는 OECD의 개념 정의를 축약하여 문해력을 이렇게 정의해 볼까 합니다.

> 문해력은 글을 읽고, 이해하고, 사용할 수 있는 능력!

* OECD(2013). OECD skills outlook 2013: First results from the survey of adult skills. 59.

초등학교 때 문해력을 길러야 하는 이유

글을 읽고, 이해하고, 사용할 수 있는 능력인 문해력은 초등학교 때 길러야 합니다. 그 이유는 무엇일까요? 여러 가지가 있지만, 저는 그 이유를 딱 세 가지로 이야기하겠습니다.

첫째, 문해력이 공부의 기본기이기 때문입니다.

학생들이 공부하는 장면을 머릿속에 떠올려 볼까요? 먼저, 교과서나 책을 읽습니다. 그리고 문제를 풀거나 질문에 답을 하면서 그 내용을 올바르게 이해했는지 확인하죠. 그다음에는 배운 내용을 다른 상황에 적용해 봅니다.

초등학교 국어 교과서가 딱 이런 식으로 구성되어 있습니다. 그 이유는 글을 읽고, 이해하고, 사용하는 것이 공부의 기본이자 전부이기 때문입니다. 다시 말해, 문해력이 뒷받침되지 않으면 공부라는 것을 시작조차 할 수 없습니다. 문해력이 부족한 학생들은 학습에서 불리한 위치에 놓이게 되는 것입니다. 그런 점에서 공부다운 공부를 처음으로 시작하는 초등학생들에게 문해력은 꼭 필요한 능력입니다.

둘째, 초등학교 시기는 문해력을 기를 수 있는 골든아워이기 때문입니다.

골든아워는 위급한 상황에서 환자의 생명이 결정될 수 있는, 즉 응급 치료가 가능한 1시간을 의미하는 말입니다. 이 시간에 응급 처치를 받지 못하면 환자는 영원히 회복하지 못할 수도 있죠. 매우 중요한 결정적 시기라는 뜻입니다.

문해력에 있어 골든아워는 초등학교 시기입니다. 이 시기에 '공부머리 뇌'로 알려진 전두엽이 폭발적으로 발달하거든요. 이때 문해력을 기르면 기억력과 사고력을 담당하는 전두엽이 활성화되어 공부 효율을 높여 줄 수 있습니다. 여러 연구 결과들에 의하면, 이 시기에 했던 경험이 중학교, 고등학교 시기의 전두엽 발달에도 영향을 미친다고 알려져 있습니다.

만약 초등학교 때 문해력을 길러 놓지 않는다면 어떤 일이 생길까요? 문해력의 차이로 인해 중학교, 고등학교 때 학력의 격차는 점차 더 벌어지게 될 것입니다.

셋째, 문해력이 있어야 끊임없이 배울 수 있기 때문입니다.

지금의 초등학생들이 어른이 될 2040년, 2050년에는 직장이라는 개념이 지금과는 매우 다를 확률이 높습니다. 긱 경제(Gig Economy. 시장의 요구, 필요에 따라 임시로 사람을 고용하는 경제 형태)가 더 활성화되고, 평생직장이라는 개념이 완전히 무너지겠죠. 하나의 직장에서 평생 근무하는 게 아니라 이 직업 저 직업, 이 직장 저 직장을 바쁘게 옮겨 다니는 게 평범한 일이 될 것입니다.

이런 상황에 처했을 때 가장 필요한 능력은 무엇일까요? 저는 문해력이라고 생각합니다. 일을 하려면 관련 지식이나 기술을 배워야 하는데 문해력이 있어야만 이를 효과적으로 학습할 수 있기 때문입니다. 문해력이 있어야 어떤 직업을 갖든 어느 직장에 가든 적응을 잘하고, 다른 업무, 다른 직업에 과감하게 도전할 수 있습니다.

그런 점에서 지금의 초등학생들은 끊임없이 배워야 하는 평생학습자의 삶을 준비해야 합니다. 제 세대와는 다른 시대를 살아가게 될 아이들에겐 문해력을 기르는 건 선택이 아니라 필수입니다.

어휘의 한계는 학습의 한계

영국의 철학자 루트비히 비트겐슈타인이 이런 말을 남겼습니다.
"언어의 한계는 세계의 한계다."
저는 이 말을 이렇게 바꿔 보고 싶습니다.

> **어휘의 한계는 문해의 한계고, 문해의 한계는 학습의 한계다.**

아이들이 교과서를 읽거나 과제에 대한 설명을 듣고도 그 내용을 이해하지 못하는 이유가 무엇인지를 찬찬히 관찰하다가 한 가지 사실을 발견했습니다. 그건 바로 어휘의 뜻을 모른다는 것입니다.

간단히 수학 시간을 예로 들어 보겠습니다. "1부터 10까지의 수 중 홀수를 말해 보세요.", "여러분 앞에 있는 도형을 기준에 따라 분류해 보세요.", "100씩 뛰어 세기 해볼까요?"라는 과제를 주었을 때 의외로 많은 학생이 무엇을 해야 하는지 모른 채 가만히 앉아 있습니다. 왜냐하면 '홀수'가 무엇인지를 모르고, '기준'이나 '분류'라는 학습어휘의 의미를 알지 못하기 때문입니다. 또 '뛰어 세기'라는 수 세기 방법을 알지 못해 학습과제를 수행하지 못합니다.

초등학교 1~2학년의 통합 교과 시간도 상황은 비슷합니다. 수업 자료에 등장하는 '봄에는 황사가 심해져요.', '여름에는 폭염을 조심해야 해요.', '가을에는 일교차가 심해요.', '겨울에는 함박눈이 내려요.'라는 문장을 읽었을 때 황사가 무엇인지, 폭염이 무슨 뜻인지, 일교차나 함박눈이 무엇을 뜻하는지를 몰라 내용을 파악하지 못합니다. 어휘를 알지 못해 학습에 한계가 생긴 것입니다.

초등학교 3~4학년 때까지는 어휘력이 조금 부족해도 큰 문제가 되진 않습니다. 교과서나 수업 자료에 나오는 어휘의 수가 그리 많지 않고 수준도 높지 않으니까요. 이리저리 하다 보면 버텨 낼 순 있습니다. 그런데 호미로 막을 수 있을 때 막지 않으면 나중에는 가래로 막아야 합니다. 초등학교 5~6학년이 되면 어휘력의 차이가 본격적으로 학습 격차를 만들어 내기 시작합니다. 같은 수업을 듣더라도 어휘력의 차이로 인해 어휘를 많이 알고 있는 아이들과 그렇지 않은 아이들의 이해 정도가 달라집니다. 한마디로 이해의 수준이 차이 나기 시작하죠. 이 수준 차이는 시간이 흐를수록 더 벌어져 어휘의 한계가 학습의 한계를 만듭니다.

초등학교 1~2학년이라면 꼭 알아야 하는 학습어휘 모음

학습의 한계를 없애려면 어휘를 익혀야 합니다. 이때의 어휘는 평소 대화를 할 때 사용하는 어휘가 아니라 학습에 필요한 어휘를 말합니다. 학습어휘란 쉽게 말해 교육과정의 내용 요소를 이해하는 데 필요한 단어입니다.* 학습어휘와 가까워져야 교과서를 읽거나 수업 내용을 듣고도 제대로 알지 못하는 상황에서 벗어날 수 있습니다.

* EBS에서 방영된 〈당신의 문해력〉이라는 프로그램에 출연한 인하대학교 신명선 교수는 이와 비슷한 개념으로 '학습도구어(Academic Vocabulary)'라고 표현했습니다.

다음은 초등학교 1~2학년 국어, 수학, 통합 교과서에 나오는 학습어휘 중 일부입니다. 1~2학년 학생들이 평소 대화를 할 때 사용하는 어휘와는 차이가 있죠? 아이와 함께 이 어휘들 중에서 뜻을 설명할 수 있는 어휘가 몇 개 정도 되는지 체크해 보세요.

국어	수학	통합교과
☐ 자음자	☐ 가르기	☐ 습관
☐ 모음자	☐ 모으기	☐ 가족
☐ 받침	☐ 덧셈	☐ 친척
☐ 단어	☐ 뺄셈	☐ 안전
☐ 문장	☐ 무게	☐ 위험
☐ 문장부호	☐ 비교	☐ 시장
☐ 짐작	☐ 홀수	☐ 국기
☐ 꾸미는 말	☐ 짝수	☐ 전통문화
☐ 낭송	☐ 단위	☐ 문화재
☐ 암송	☐ 길이	☐ 세계
☐ 경험	☐ 분류	☐ 계절
☐ 매체	☐ 규칙	☐ 날씨

이 어휘들 중에서 뜻을 설명할 수 있는 어휘가 절반을 넘지 못한다면 우리 아이의 어휘력 경고등에 노란불 신호가 들어온 것입니다. 학습 내용을 확실하게 이해한다고 보긴 어려우니 노란불인 거죠. 만약 설명할 수 있는 어휘가 몇 개 되지 않는다면 머지않아 빨간불이 들어올지도 모릅니다. 하지만 너무 걱정하지 마세요. 지금부터라도 학습어휘와 친하게 지내면 문해력을 높일 기회가 얼마든지 있으니까요.

이 책 속 학습어휘는 어디서 왔을까?

전국에 있는 초등학교 선생님들은 ○○○○을 가지고 가르칩니다. 빈칸에 들어갈 단어는 무엇일까요? 정답은 '성취기준'입니다. 흔히 교과서를 가르친다고 생각할 수 있지만, 선생님들이 가르쳐야 하는 것은 교과서가 아니라 성취기준입니다. 성취기준을 바탕으로 만들어진 게 교과서이고, 교과서의 근본이 되는 것이 성취기준이니까요.

성취기준이라는 개념이 생소할 것 같아 예를 하나 보여 드리겠습니다. 초등학교 1~2학년 바른 생활, 슬기로운 생활, 즐거운 생활 교육과정의 성취기준[*]은 다음과 같이 제시되어 있습니다.

[2바03-01] 가족 및 친척 간에 지켜야 할 예절을 실천한다.
[2슬03-02] 나와 가족, 친척의 관계를 알고 친척과 함께하는 행사나 활동을 조사한다.
[2즐03-02] 가족이나 친척이 함께 한 일을 다양한 방법으로 표현한다.

성취기준을 잘 살펴보면 이 속에서 배워야 하는 학습 요소들을 뽑아 낼 수 있습니다. 위의 성취기준에서는 '가족'과 '친척'이라는 어휘가 반복적으로 등장하지 않나요? 그렇다면 '가족', '친척'이 의미하는 바를 정확히 이해하고 있어야겠죠?

학습어휘 : 가족, 친척

이 책에서 소개하는 학습어휘는 다음과 같은 4단계의 과정을 거쳐 추출했습니다.

1단계 : 초등학교 1~2학년 국어, 수학, 통합 교과 교육과정 성취기준 분석
2단계 : 교과별로 반드시 알아야 하는 내용 요소 추출
3단계 : 내용 요소 중 1~2학년 학생들이 잘 알지 못하거나 혼동하는 어휘 추출
4단계 : 1~2학년 학습어휘와 연결되는 3~4학년 학습어휘, 1~2학년 학습어휘와 연결하여 배우면 좋은 학습어휘 및 1~2학년 수준을 넘어가는 어려운 어휘들을 추출한 뒤 '심화 학습어휘'로 분류

[*] 교육부(2015). 바른생활, 슬기로운 생활, 즐거운 생활 교육과정. 교육부.

이 책 속 학습어휘에는 성취기준을 일일이 표기하진 않았습니다. 하지만 학습어휘를 추출할 때 성취기준을 가장 먼저 고려했습니다. 그러니 이 책에서 제시하는 학습어휘들을 제대로 익힌다면 교과서 제재글이나 지문을 읽고 이해하는 데 많은 도움을 받을 수 있습니다.

학습어휘를 효과적으로 익히는 방법

그렇다면 이렇게 중요한 학습어휘를 달달 외우면 될까요? 무작정 암기하면 머릿속에 쏙쏙 들어갈까요? 저는 아니라고 생각합니다. 첫 번째 이유는, 초등학교 1~2학년 아이들이 암기하는 걸 좋아하지 않습니다. 두 번째 이유는, 외울 때는 외워진 것처럼 생각되어도 며칠 지나면 생각나지 않을 가능성이 큽니다. 기계적인 암기로는 학습어휘를 제대로 익힐 수 없기 때문입니다.

학습어휘는 어떻게 공부하는 게 좋을까요? 어휘를 자연스럽게 배우고, 나의 말로 표현해 보며 그 어휘에 익숙해져야 합니다. 그런 다음 어휘를 사용해서 글을 써 보면서 '진짜 아는 것'으로 만들어야 합니다.

초등학교 1~2학년 아이들이 학습어휘를 효과적으로 익히는 방법을 6단계로 정리해 봤습니다. 이 방법은 이 책을 공부하는 방법이기도 합니다. 한 단계씩 큰 소리로 따라 읽으며 '학습하는 방법'을 학습해 보세요.

1단계 | 어휘 살펴보기 & 예시 지문을 소리 내어 읽기

오늘 학습할 어휘를 살펴본 뒤에 그 학습어휘가 들어 있는 예시 지문을 소리 내어 읽습니다. 캐나다 워털루대학교의 콜린 매클라우드 교수와 그의 제자인 노아 포린의 연구 결과에 의하면 눈으로만 읽는 것보다 소리 내어 읽으면 훨씬 더 많은 내용을 기억해 낼 수 있다고 합니다.* 또한 소리 내어 읽다 보면 해당 학습어휘를 어떻게 읽는 게 자연스러운지도 생각해 볼 수 있습니다. 참고로, 이 책에서는 초등학교 1~2학년 학생들의 눈높이에 맞춰 선생님과 학생, 학생과 학생, 가족 사이에서 나누는 대화체 형식의 예시 지문을 실었습니다.

2단계 | 어휘의 뜻 추측하기

학습어휘의 뜻을 보지 않고 그 어휘가 무슨 뜻인지를 생각해 봅니다. 문장 속에 들어 있는 모르는 어휘의 뜻을 미루어 생각해 보는 것은 그 어휘를 오래도록 기억할 수 있게 만들어 줍니다. 정확한 의미를 떠올릴 수 없어 답답하더라도 '이 단어는 대충 이런 뜻이겠구나.' 정도의 생각을 해보는 시간이 필요합니다.

3단계 | 어휘의 뜻을 알아본 다음, 어휘가 들어간 문장을 따라 쓰기

학습어휘의 뜻을 확인한 다음 그 어휘가 들어간 문장을 따라 씁니다. 이때 문장을 소리 내어 읽으면서 문장 속에서 어떻게 사용되는지를 자연스럽게 익힙니다.

4단계 | 문장에 어울리는 어휘 찾아 쓰기

그림을 보고 문장에 어울리는 어휘를 떠올려 찾아 씁니다. 그림을 설명하는 글쓰기는 초등학교 1~2학년 학생들의 문해력을 키우는 전통적인 방법입니다. 물론 그림의 위쪽에 보기도 있지만, 보기는 세발자전거의 보조 바퀴 같은 역할입니다. 두발자전거를 탈 수 있는 아이에게 자전거의 보조 바퀴는 필요하지 않겠죠? 보기의 도움을 받지 않고 어휘를 써 넣는 게 가장 좋습니다. 다만, 어울리는 어휘를 생각하기 어려울 때는 보기의 도움을 받아도 괜찮습니다. 문장을 완성한 다음에는 3단계에서처럼 큰 소리로 따라 읽습니다.

5단계 | 배운 어휘를 넣어 글쓰기하기

오늘 배운 어휘를 넣어 한 문장 글쓰기를 합니다. 배운 것, 내가 알고 있는 것을 가장 오래 기억하는 방법은 말을 할 때, 글을 쓸 때 직접 사용해 보는 것입니다. 오늘 배운 어휘를 넣어 글쓰기를 해 보세요.

* Johanna Weidner(2017). Reading aloud gives memory a boost: University of Waterloo study. The record. https://www.therecord.com/news/waterloo-region/2017/12/05/reading-aloud-gives-memory-a-boost-university-of-waterloo-study.html. (2022년 10월 25일 접속).

글쓰기에 서툰 초등학교 1~2학년 학생이라면 한 문장 쓰기부터 시작하는 게 좋습니다. 만약 더 쓸 수 있다면 두 문장, 세 문장으로 길게 쓰면 더 좋고요. 짧은 글쓰기를 하는 과정에서 이 어휘를 언제, 어떻게 써야 할지를 자연스럽게 고민하게 될 겁니다. 글을 쓰면서 느껴 보세요. 이 어휘가 내 것이 되어가는 기분을!

6단계 | 심화 학습어휘 살펴보기

심화 학습어휘를 살펴보며 어휘의 폭을 넓힙니다. 학습어휘는 연결되어 있습니다. '황사'라는 어휘는 조금 더 어려운 학습어휘인 '대기오염'과 이어져 있죠. 가을이 '일교차'가 큰 계절이라는 걸 알게 되었다면 가을 아침에 볼 수 있는 '서리'나 '응결'이라는 학습어휘를 함께 배워 보세요. 이 방법을 사용하면 오늘 배운 학습어휘와 조금 더 어려운 심화 학습어휘를 함께 익혀서 더 잘 기억할 수 있지 않을까요?

공부하는 힘인 문해력을 키우러 '하루 10분, 문해력 글쓰기' 여행을 함께 떠나 볼까요!

> 반쪽짜리 문해에서 벗어나 완전한 문해를 하고 싶다면 '첫째 마당'으로 출발해 볼까요?

첫째마당

국어 교과에서
문해력 다지기

★ 첫째 마당에서 배울 학습어휘들 ★

- ☐ 01 한글, 글자
- ☐ 02 자음자
- ☐ 03 모음자
- ☐ 04 집중, 경청
- ☐ 05 받침
- ☐ 06 단어, 문장
- ☐ 07 문장부호, 부호
- ☐ 08 일기, 그림일기
- ☐ 09 순서, 예절
- ☐ 10 자신감, 내용
- ☐ 11 말놀이, 끝말잇기
- ☐ 12 마음, 짐작
- ☐ 13 꾸미는 말
- ☐ 14 바른말, 고운 말
- ☐ 15 낭송, 암송
- ☐ 16 소리, 표기
- ☐ 17 흉내, 모습
- ☐ 18 물건, 소개
- ☐ 19 경험, 생각
- ☐ 20 매체, 인터넷 매체

새로운 어휘를 배우게 된 오늘은 월 일

01 이건 무슨 글자일까?

★ 오늘의 글을 소리 내어 읽어 보세요.

뜻 : 우리나라의 글자.

- 오늘은 우리나라의 글자인 **한글**에 대해 배울 거예요. **한글**을 만든 조선 시대의 왕이 누구인지 아는 사람?
- 세종대왕이요.
- 맞아요. 조선 시대의 세종대왕이 오늘날의 **한글**을 훈민정음이라는 이름으로 처음 만들었어요.

뜻 : 말을 적을 때 사용하는 기호.

- 은영이는 **글자**를 몇 살 때부터 읽을 수 있었니?
- 한글은 여섯 살 때부터 읽을 수 있었고, 영어는 일곱 살 때였던 것 같아요.
- 혹시 더 배우고 싶은 **글자**가 있니?
- 네, 베트남에서 온 친구와 이야기하고 싶어서 베트남 **글자**를 배우고 싶어요.

문제로 익히는
어 휘 도 전

★ 오늘의 학습어휘를 소리 내어 읽으며 따라 쓰세요.

❶ 한 글 은 우리나라의 글자다.

❷ 알파벳은 영어를 사용하는 나라의 글 자 다.

❸ 훈민정음과 한 글 은 같은 글자다.

❹ 한글은 매우 과학적인 글 자 다.

★ 빈칸에 들어갈 어휘를 보기에서 찾아 쓰세요.

보기   한글, 글자

나는 우리 나라의 글자인 ☐☐ 이 매우 자랑스럽다.

"선생님! 칠판에 ☐☐ 를 조금 더 크게 써 주세요!"

★ 오늘 배운 어휘를 사용하여 한 문장 글쓰기를 해보세요.

예) 이 글자는 어느 나라에서 쓰는 글자일까?

심화 학습어휘

개미, 바나나, 사과는 '단어'에요. 3~4학년에서는 단어들이 모여서 만들어진 '문장', 문장들이 모여서 만들어진 '문단'을 배우게 될 거예요.

 오늘의 글쓰기는 어땠나요? 도형에 색칠해 보세요.

 너무 어려웠어요!
 살짝 어려웠어요!
 제 수준에 맞았어요.
 너무 쉬웠어요.

02 'ㄱ'부터 'ㅎ'까지 쓸 수 있을까?

새로운 어휘를 배우게 된 오늘은 ◯월 ◯일

★ 오늘의 글을 소리 내어 읽어 보세요.

자음자

뜻 : 자음을 나타내는 글자.

- 엄마! 오늘 학교에서 **자음자**라는 걸 배웠어요.
- 그래? 어떤 **자음자**를 배웠는지 엄마한테 설명해 줄 수 있을까?
- 물론이죠. 기역, 니은, 디귿… 히읗. 어때요? 저 잘 알죠?
- 대단하구나. 그럼 **자음자**를 함께 써 볼까?

아래 자음자로 시작하는 단어를 하나씩 써 보세요.

ㄱ	기역	ㄴ	니은	ㄷ	디귿	ㄹ	리을	ㅁ	미음
	개미		나비		다람쥐				
ㅂ	비읍	ㅅ	시옷	ㅇ	이응	ㅈ	지읒	ㅊ	치읓
ㅋ	키읔	ㅌ	티읕	ㅍ	피읖	ㅎ	히읗		

문제로 익히는 어휘도전

★ 오늘의 학습어휘를 소리 내어 읽으며 따라 쓰세요.

❶ 우리말은 [자][음][자] 와 모음자로 만들어진다.

❷ [자][음][자] 기역으로 시작하는 단어는 '개미'다.

❸ '나비'는 [자][음][자] 니은으로 시작한다.

❹ '다람쥐'와 '다리미'는 모두 [자][음][자] 디귿으로 시작한다.

★ 빈칸에 들어갈 어휘를 보기에서 찾아 쓰세요.

| 보기 | 자음자 |

ㄱ ㄴ

오늘 배운 ☐☐☐ 는 기역, 니은, 디귿이다.

'자전거'와 '자동차'에는 지읒이라는 ☐☐☐ 가 들어 있다.

★ 오늘 배운 어휘를 사용하여 한 문장 글쓰기를 해보세요.

 예) '개미'와 '가방'에는 기역이라는 자음자가 들어 있다.

 심화 학습어휘

3~4학년에서는 자음자와 모음자가 모여 만들어진 여러 가지 '단어'를 배우게 될 거예요. '사과', '하늘', '동물'이라는 단어(명사)와 '먹다', '높다', '낮다'라는 단어(형용사)가 다른 이유도 배우게 될 거예요.

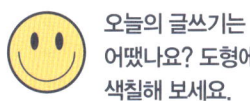 오늘의 글쓰기는 어땠나요? 도형에 색칠해 보세요.

 너무 어려웠어요!

 살짝 어려웠어요!

 제 수준에 맞았어요.

 너무 쉬웠어요.

새로운 어휘를 배우게 된 오늘은 ○월 ○일

'ㅏ'와 'ㅓ'는 어떻게 읽을까?
03

★ 오늘의 글을 소리 내어 읽어 보세요.

뜻 : 모음을 나타내는 글자.

- 은지야. 너랑 나랑 친구 맞지?
- 물론이지. 우린 항상 같이 다니잖아.
- 그럼 자음자에게도 친구가 있을까?
- 물론이지. 자음자에게는 **모음자**라는 친구가 있잖아. 그래서 자음자 옆엔 항상 **모음자**가 붙어 다니는 거잖아.

아래 모음자로 시작하는 단어를 하나씩 써 보세요.

ㅏ	아	ㅑ	야	ㅓ	어	ㅕ	여	ㅗ	오
	아빠		야구						
ㅛ	요	ㅜ	우	ㅠ	유	ㅡ	으	ㅣ	이

문제로 익히는 어휘도젠

★ 오늘의 학습어휘를 소리 내어 읽으며 따라 쓰세요.

❶ 우리말은 자음자와 [모][음][자] 로 만들어진다.

❷ [모][음][자] ㅏ로 시작하는 단어는 아빠다.

❸ '야구'는 [모][음][자] ㅑ로 시작한다.

❹ '아빠'와 '아기'는 모두 [모][음][자] ㅏ로 시작한다.

★ 빈칸에 들어갈 어휘를 보기에서 찾아 쓰세요.

오늘 배운 □□ 는 ㅏ, ㅑ, ㅓ다.

'야구'와 '샤프'에는 ㅑ라는 □□□ 가 들어 있다.

★ 오늘 배운 어휘를 사용하여 한 문장 글쓰기를 해보세요.

 '사과'와 '가방'에는 ㅏ라는 모음자가 들어 있다.

심화 학습어휘 '무늬', '의견', '의사', '의리', '흰자'라는 단어에는 모두 모음자 'ㅢ'가 들어 있습니다. 이걸 '이중모음'이라고 부릅니다. 3~4학년에서는 다양한 종류의 이중모음을 배우게 될 거예요.

 오늘의 글쓰기는 어땠나요? 도형에 색칠해 보세요.

 너무 어려웠어요!
 살짝 어려웠어요!
 제 수준에 맞았어요.
 너무 쉬웠어요.

새로운 어휘를 배우게 된 오늘은 ◯월 ◯일

선생님께서는 어떤 말을 자주 사용하실까?
04

★ 오늘의 글을 소리 내어 읽어 보세요.

집중

뜻 : 한 가지 일에 시간과 힘을 모으는 것.

- 선생님, **집중**이 무슨 말이에요?
- **집중**이란 한 가지 일에 시간과 힘을 모으는 것을 말해요. 그런 점에서 오늘 하루 동안 **집중**을 잘한 사람을 딱 한 명 뽑아 볼게요. 오늘의 **집중** 왕은 은우입니다!

경청

뜻 : 다른 사람의 이야기를 귀 기울여 듣는 것.

- 윤아야, 지금부터 엄마가 중요한 이야기를 할 거야. 엄마 이야기를 **경청**해 줄 수 있지?
- 네, 엄마! 어떤 이야기인데요?
- 엄마가 오늘 출장이 있어서 조금 늦게 올 것 같거든. 저녁에 먹을 음식들을 설명해 줄게.

문제로 익히는
어휘도전

★ 오늘의 학습어휘를 소리 내어 읽으며 따라 쓰세요.

❶ 상대 팀을 | 집 | 중 | 적으로 공격하자.

❷ 내가 말하는 것도 중요하지만 | 경 | 청 | 하는 것도 중요하다.

❸ "여러분, 잠깐 선생님에게 | 집 | 중 | 해 주세요."

❹ 은결이는 친구들의 이야기에 | 경 | 청 | 해 주는 친구다.

★ 빈칸에 들어갈 어휘를 보기에서 찾아 쓰세요.

| 보기 | 집중, 경청 |

"초등학교 2학년이 공부에 ☐☐ 할 수 있는 시간은 10분이라고 해요."

자기 이야기만 하는 친구보다 내 이야기에 ☐☐ 해 주는 건우가 좋다.

★ 오늘 배운 어휘를 사용하여 한 문장 글쓰기를 해보세요.

예) 수업 시간엔 선생님 말씀에 집중해야겠다.

심화 학습어휘

3~4학년에서는 '집중'처럼 하나에 깊이 빠져든다는 뜻의 '몰입'이라는 어휘를 배우게 됩니다. 여러분이 '몰입' 할 수 있는 일은 무엇인가요?

오늘의 글쓰기는 어땠나요? 도형에 색칠해 보세요.

☆ 너무 어려웠어요! ○ 살짝 어려웠어요! △ 제 수준에 맞았어요. □ 너무 쉬웠어요.

31

05. 받침이 있는 글자를 읽고 써 볼까?

★ 오늘의 글을 소리 내어 읽어 보세요.

뜻 : 모음자 밑에 받쳐 쓰는 자음자.

- 시완아, 너 자음자와 모음자를 배웠다고 했지? 그럼 누나가 불러 주는 글자 쓸 수 있어? '공'을 써 볼래?
- 그래!
  (잠시 후) '고' 밑에 어떤 자음자를 써야 해?
- '이응'이라는 자음자를 써 볼래? 여기서 이 이응을 **받침**이라고 해.

아래 자음자가 받침이 되는 단어를 하나씩 써 보세요.

ㄱ	기역	ㄴ	니은	ㄷ	디귿	ㄹ	리을	ㅁ	미음
	수박								
ㅂ	비읍	ㅅ	시옷	ㅇ	이응	ㅈ	지읒	ㅊ	치읓
					장미				
ㅋ	키읔	ㅌ	티읕	ㅍ	피읖	ㅎ	히읗		
	부엌		사과밭		무릎		낳다		

문제로 익히는 어휘도전

★ 오늘의 학습어휘를 소리 내어 읽으며 따라 쓰세요.

❶ 모음자 밑에 쓰는 자음자를 받침 이라고 부른다.

❷ " 받침 을 빼고 글씨를 쓰면 안 돼요!"

❸ 나는 ㅈ과 ㅊ 받침 이 어렵다.

❹ 공에는 ㅇ 받침 이 있다.

★ 빈칸에 들어갈 어휘를 보기에서 찾아 쓰세요.

'나라', '나비', '노래'는 ☐☐ 이 없는 단어다.

'나팔', '노랑', '놀이'는 ☐☐ 이 있는 단어다.

★ 오늘 배운 어휘를 사용하여 한 문장 글쓰기를 해보세요.

예) 받침이 없는 단어는 '사과', '지구'다.

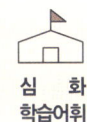

심화
학습어휘

ㄲ, ㅆ처럼 같은 자음이 겹쳐진 받침도 있고 ㄺ, ㄻ, ㄿ처럼 다른 자음이 겹쳐진 받침도 있어요. 이런 받침들을 '겹받침'이라고 합니다.

 오늘의 글쓰기는 어땠나요? 도형에 색칠해 보세요.

 너무 어려웠어요!
 살짝 어려웠어요!
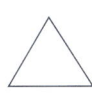 제 수준에 맞았어요.
 너무 쉬웠어요.

새로운 어휘를 배우게 된 오늘은 ◯월 ◯일

06 그림에 어울리는 문장을 써 볼까?

★ 오늘의 글을 소리 내어 읽어 보세요.

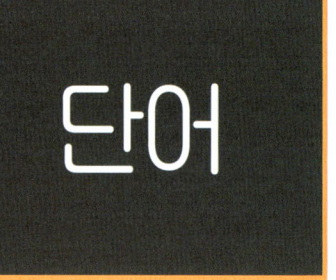

뜻 : 뜻을 가지고 있는 하나의 말.

- 단어는 뜻을 가지고 있는 말이에요. '과자'에서 '과'나 '자'에는 어떤 뜻이 있죠?
- 뜻이 없어요.
- 맞아요. '과자'는 뜻이 있지만, '과'나 '자'에는 뜻이 없어요. 그럼 여러분이 알고 있는 단어를 말해 볼까요?

뜻 : 단어들이 모여 만들어진 글.

- 단어들이 모이면 문장이 됩니다. '과자를 먹는다.' 처럼 말이죠. 과자가 들어간 문장을 말해 볼까요?
- 나는 어제 과자를 먹었다.
- 과자가 맛있다.
- 과자가 제일 좋다.
- 과자를 또 먹고 싶다.

문제로 익히는
어휘도전

★ 오늘의 학습어휘를 소리 내어 읽으며 따라 쓰세요.

❶ 　단　어　에는 뜻이 있다.

❷ '학교에 간다.'라는 　문　장　에는 '학교'라는 단어가 있다.

❸ '사랑', '감사', '마음'은 따뜻한 느낌을 주는 　단　어　다.

❹ 글자보다 단어가, 단어보다 　문　장　이 더 큰 단위다.

★ 빈칸에 들어갈 어휘를 보기에서 찾아 쓰세요.

| 보기 | 단어, 문장 |

'미끄럼틀', '그네', '시소'는 놀이터와 관련된 □□다.

그림에 어울리는 □□은 '민철이는 밥을 먹는다.'이다.

★ 오늘 배운 어휘를 사용하여 한 문장 글쓰기를 해보세요.

예) 내가 좋아하는 단어는 '치킨', '피자', '돈가스'다.

 심화 학습어휘 — 단어만 연결한다고 문장이 만들어지진 않아요. 교실에 규칙이 있는 것처럼 문장에도 규칙이 있습니다. 3~4학년에서는 문장을 만드는 규칙인 '문법'을 배우게 될 거예요.

 오늘의 글쓰기는 어땠나요? 도형에 색칠해 보세요.

 너무 어려웠어요!   살짝 어려웠어요!   제 수준에 맞았어요.   너무 쉬웠어요.

새로운 어휘를 배우게 된 오늘은 ◯월 ◯일

07 마침표(.), 쉼표(,), 물음표(?), 느낌표(!), 큰따옴표(" ")는 언제 쓸까?

★ 오늘의 글을 소리 내어 읽어 보세요.

뜻 : 문장을 쉽게 이해할 수 있게 도와주는 부호.

- 문장부호 퀴즈를 내 볼게요. 선생님이 설명하는 문장부호를 안다면 말해 주세요. 알겠죠?
- 네, 재밌을 것 같아요.
- 물어볼 때 사용하는 문장부호는 무엇이죠?
- 물음표입니다.

뜻 : 사람들끼리 약속해서 쓰는 기호.

- 아빠! 그림책 읽어 주세요.
- 그래. 대신 조건이 있어. 그림책에서 문장부호를 보면 박수를 한 번 치는 거야.
- 어떤 문장부호요?
- 음……. 느낌표와 쉼표! 어떻게 생겼는지 알고 있지?
- 물론이죠. 그럼 빨리 읽어 주세요.

문제로 익히는 어 휘 도 전

★ 오늘의 학습어휘를 소리 내어 읽으며 따라 쓰세요.

❶ 문 장 부 호 가 있어 문장을 쉽게 이해할 수 있다.

❷ 사람들이 말하는 부분에는 큰따옴표(" ")라는 문장 부 호 가 있다.

❸ 마침표(.)는 책에서 많이 나오는 문 장 부 호 다.

❹ "쉼표(,)도 문장 부 호 라는 거 알지?"

36

★ 빈칸에 들어갈 어휘를 보기에서 찾아 쓰세요.

보기: 문장부호, 부호

"창수야, 같이 할까?"에는 세 가지 ☐☐ 가 있다.

문장을 쓸 땐 문장 ☐☐ 를 바르게 써야 한다.

★ 오늘 배운 어휘를 사용하여 한 문장 글쓰기를 해보세요.

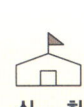 예) 문장 끝에는 꼭 문장부호를 쓰자.

심화 학습어휘 어떤 문장부호를 사용하느냐에 따라 느낌이 달라집니다. 3~4학년에서는 놀랐을 때 사용하는 느낌표(!), 말할 때 사용하는 큰따옴표(" ") 같은 다양한 문장부호를 배우게 될 거예요.

 오늘의 글쓰기는 어땠나요? 도형에 색칠해 보세요.

 너무 어려웠어요!
 살짝 어려웠어요!
 제 수준에 맞았어요.
 너무 쉬웠어요.

새로운 어휘를 배우게 된 오늘은 ◯월 ◯일

그림일기는 어떻게 쓰는 걸까?

08

★ 오늘의 글을 소리 내어 읽어 보세요.

일기	👧 엄마! **일기**에 뭘 써야 할지 모르겠어요. 👩 그래? 오늘 친구들이랑 놀이터에서 뭐했니? 👦 미끄럼틀 타고, 술래잡기도 했어요. 👩 그게 기억에 남는 일인가 보구나. **일기**에 오늘 놀이터에서 있었던 일이나 재밌었던 일을 써 볼까?
뜻 : 그날 있었던 일이나 생각을 쓴 글.	
그림일기	👧 은솔이 너는 **그림일기**를 너무 잘 써. 👩 칭찬해줘서 고마워. 그냥 있었던 일을 그림으로 그리는 거야. 👧 **그림일기**를 잘 쓸 수 있는 방법이 또 있을까? 👩 있었던 일을 그림으로 그리고, 그때의 내 생각이나 느낌을 글로 적는 거야. 한번 써 볼래?
뜻 : 일기에 그림을 함께 그린 것.	

문제로 익히는 어 휘 도 젠

★ 오늘의 학습어휘를 소리 내어 읽으며 따라 쓰세요.

❶ 그림일기도 | 일 | 기 | 다.

❷ | 그 | 림 | 일 | 기 | 쓰는 건 재미있다.

❸ | 일 | 기 | 를 쓰면 중요한 일을 생각할 수 있다.

❹ 그림과 함께 일어난 일을 글로 쓴 게 | 그 | 림 | 일 | 기 | 다.

★ 빈칸에 들어갈 어휘를 보기에서 찾아 쓰세요.

| | 에는 오늘 날짜를 적는다.

나의 생각이나 느낌을 | | | | 에 적는다.

★ 오늘 배운 어휘를 사용하여 한 문장 글쓰기를 해보세요.

 그림일기를 쓰면 내 느낌을 기억할 수 있다.

심화 학습어휘 3~4학년에서는 다른 사람에게 내 마음을 전하는 '편지글'을 쓰게 됩니다. 그림일기를 쓰며 내 마음을 잘 표현해본다면 편지글을 쓸 때 도움이 되겠죠?

 오늘의 글쓰기는 어땠나요? 도형에 색칠해 보세요.

 너무 어려웠어요!   살짝 어려웠어요!   제 수준에 맞았어요.   너무 쉬웠어요.

새로운 어휘를 배우게 된 오늘은 ○월 ○일

점심시간, 우리가 지켜야 할 일은 뭘까?

09

★ 오늘의 글을 소리 내어 읽어 보세요.

순서

뜻 : 어떤 기준에 따라 '1, 2, 3'이나 '위, 아래', '먼저, 다음' 등으로 나눈 것.

- 오늘은 학교에서 점심을 먹는 첫날이니까, 번호 **순서**대로 줄을 맞춰 급식실로 출발하겠습니다.
- 네, 좋아요!
- 그럼, 번호 **순서**대로 줄을 서 볼까요?
- 얘들아, 번호에 맞춰 줄 서자!

예절

뜻 : 다른 사람들과 잘 지내기 위해 지켜야 하는 규칙 또는 해야 하는 말이나 행동.

- 교실에서 식사 **예절**을 잘 지키는 방법에 대해 이야기했지요? 생각나는 대로 이야기해 볼까요?
- 먼저 돌아다니지 않고, 큰 소리로 이야기하지 않아야 합니다.
- 지켜야 할 **예절**이 또 있을까요?
- 먹을 때 쩝쩝 소리를 내지 않아야 합니다.

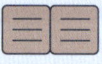

문제로 익히는
어 휘 도 젠

★ 오늘의 학습어휘를 소리 내어 읽으며 따라 쓰세요.

❶ "점심식사 | 예 | 절 | 을 잘 지켜 주세요."

❷ "번호 | 순 | 서 | 대로 줄을 서세요."

❸ 인사 잘하는 은영이는 | 예 | 절 | 이 참 바르다.

❹ " | 순 | 서 | 에 맞춰 장난감을 가져가세요."

★ 빈칸에 들어갈 어휘를 보기에서 찾아 쓰세요.

보기 순서, 예절

식사 ☐☐ 을 잘 지키는 사람은 식사할 때 큰 소리로 말하지 않는다.

"오늘은 번호 ☐☐ 에 맞춰 줄을 서 볼까요?"

★ 오늘 배운 어휘를 사용하여 한 문장 글쓰기를 해보세요.

 내일부터 식사 예절을 잘 지켜야겠다.

 심화 학습어휘

3~4학년에서는 '전화 예절', '대화 예절', '교통 예절', '소셜 미디어 예절' 등 다양한 예절을 배웁니다. '예절'이라는 말은 '매너'라는 말로 바꿔 사용되기도 합니다.

 오늘의 글쓰기는 어땠나요? 도형에 색칠해 보세요.

 너무 어려웠어요!
 살짝 어려웠어요!
 제 수준에 맞았어요.
 너무 쉬웠어요.

새로운 어휘를 배우게 된 오늘은 ◯월 ◯일

10 자신 있게 말하려면 무엇이 필요할까?

★ 오늘의 글을 소리 내어 읽어 보세요.

자신감

뜻 : 자신이 있다는 느낌.

- 호영이는 씩씩하게 발표를 잘하는 거 같아.
- 맞아. 또박또박 말하는 게 멋있어.
- 큰 소리로 말하니깐 **자신감**이 있어 보여!
- 나도 호영이처럼 바른 자세로 말할 거야. 그리고 친구들을 바라보며 말해야지.

내용

뜻 : 말이나 글 속에 들어 있는 것.

- 옛날, 옛날에 흥부와 놀부가 살았어요. 어느 날 놀부가 흥부에게 이렇게 말했어요.
- 엄마~ 또 《흥부와 놀부》예요? 이 이야기는 예전에 읽어서 알고 있단 말이에요.
- 그래? 그럼 무슨 **내용**인지 말해 볼래?
- 욕심쟁이 놀부는 벌을 받고, 착한 흥부는 복을 받는다는 **내용** 아니에요?

문제로 익히는 어 휘 도 젠

★ 오늘의 학습어휘를 소리 내어 읽으며 따라 쓰세요.

❶ 자 신 감 있게 말하는 사람은 듣는 사람을 바라본다.

❷ 자신감 있게 말하려면 말할 내 용 을 미리 준비해야 한다.

❸ "알맞은 크기로 자 신 감 있게 말해 볼까?"

❹ 듣는 사람이 내 용 을 알 수 있게 말하자.

★ 빈칸에 들어갈 어휘를 보기에서 찾아 쓰세요.

보기   자신감, 내용

시혁이는 또박또박 [　][　][　] 있게 발표한다.

지원이가 《백설공주》의 [　][　] 을 말해 주었다.

★ 오늘 배운 어휘를 사용하여 한 문장 글쓰기를 해보세요.

예) 내일부터는 자신감 있게 발표해야겠다.

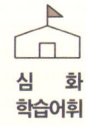

심화 학습어휘

3~4학년에서는 말할 내용을 정리하는 방법을 배웁니다. '사실'과 '의견'으로 나눠서 직접 말하고 글을 써 보게 되죠. 사실과 의견은 어떻게 다를까요?

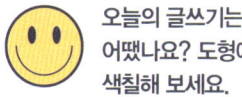 오늘의 글쓰기는 어땠나요? 도형에 색칠해 보세요.

 너무 어려웠어요!
 살짝 어려웠어요!
 제 수준에 맞았어요.
 너무 쉬웠어요.

새로운 어휘를 배우게 된 오늘은 ◯월 ◯일

우리 말놀이 할까?

★ 오늘의 글을 소리 내어 읽어 보세요.

뜻 : 말로 하는 재밌는 놀이.

- 이번 시간에는 말로 놀아 볼까요? 친구들과 함께 **말놀이**를 해봅시다. 여러분이 알고 있는 말놀이가 있나요?
- 끝말잇기요.
- 꽁지 따기 **말놀이**도 있어요.
- 꽁지 따기 **말놀이**? 그건 어떻게 하는 거예요?

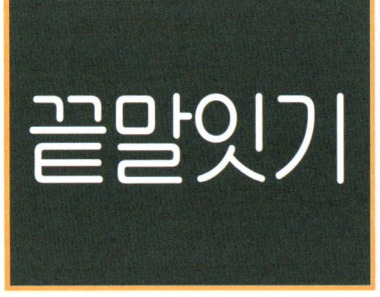

뜻 : 앞 사람이 말한 단어의 끝말을 이어 말하는 놀이.

- 얘들아! 우리 **끝말잇기** 할까?
- 좋아, 나부터 시작할게. 사과! 다음은 지혜!
- 과일!
- 일기!
- 기자!
- 자동차!
- 음……. '차'로 시작하는 말이 뭐가 있지?

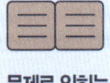

문제로 익히는 어휘도전

★ 오늘의 학습어휘를 소리 내어 읽으며 따라 쓰세요.

❶ 꽁지 따기 말놀이 는 '바나나는 노래, 노란 건 병아리~'처럼 한다.

❷ 끝말잇기 는 많은 사람이 아는 말놀이다.

❸ 말 덧붙이기 말놀이 는 '마트에 가면 과자가 있고. 마트에 가면 과자가 있고 라면도 있고. 마트에 가면 과자가 있고 라면도 있고 두부도 있고~'처럼 한다.

❹ " 끝말잇기 를 할 때 처음부터 어려운 단어를 말해선 안 돼!"

★ 빈칸에 들어갈 어휘를 보기에서 찾아 쓰세요.

보기 : 말놀이, 끝말잇기

친구들과 [　][　][　] 를 하는 건 재미있다.

[　][　][　] 를 잘하려면 단어를 많이 알아야 한다.

★ 오늘 배운 어휘를 사용하여 한 문장 글쓰기를 해보세요.

예) 친구들과 앞말잇기, 끝말잇기 말놀이를 했다.

심화 학습어휘 : 말놀이를 하며 말의 재미를 느끼다 보면 '감각적 표현'에 관심이 생길 거예요. '감각적 표현'은 느낌을 글이나 말로 생생하게 나타내는 것을 말합니다.

 오늘의 글쓰기는 어땠나요? 도형에 색칠해 보세요.

 너무 어려웠어요!
 살짝 어려웠어요!
 제 수준에 맞았어요.
 너무 쉬웠어요.

새로운 어휘를 배우게 된 오늘은 월 일

인물의 마음을 짐작해 볼까?

★ 오늘의 글을 소리 내어 읽어 보세요.

뜻 : 사람이 가지고 있는 생각이나 느낌.

- 우리 한 명씩 돌아가며 **마음**을 나타내는 말을 두 개씩 말해 볼까요? '기쁘다', '행복하다'.
- 제 차례죠? '놀라다', '고맙다'.
- 저는 '재밌다', '심심하다'.
- 음……. '화나다', '미안하다'.

뜻 : 어림잡아 헤아리는 것.

- 서울에 간 시골 쥐의 표정을 보세요. 시골 쥐의 기분이 어떨지 **짐작**할 수 있나요?
- 도시의 모습이 시골과 많이 달라서 놀란 것 같아요.
- 마음속으로 '우와'라고 말한 걸 보니 놀란 것 같아요.
- 시골보다 도시가 좋아 기뻐하는 것 같아요.

문제로 익히는 어휘 도전

★ 오늘의 학습어휘를 소리 내어 읽으며 따라 쓰세요.

❶ 어떻게 하면 다른 사람의 마 음 을 짐작할 수 있을까?

❷ 이야기 주인공의 표정을 보면 마음을 짐 작 할 수 있다.

❸ 글 속에 나오는 인물의 상황을 보면 마 음 을 알 수 있다.

❹ "친구의 말투나 표정을 보고 친구의 마음을 짐 작 했어."

★ 빈칸에 들어갈 어휘를 보기에서 찾아 쓰세요.

보기   마음, 짐작

생일 케이크를 받은 미소의 ☐☐ 은 어떨까?

그림을 보고 민재의 마음을 ☐☐ 해 볼까?

★ 오늘 배운 어휘를 사용하여 한 문장 글쓰기를 해보세요.

 인물의 마음을 짐작할 때는 그림을 보자.

심화 학습어휘 — 3~4학년에서는 이야기를 만드는 세 가지 요소인 '인물', '사건', '배경'에 대해 배웁니다. 먼저, 인물은 이야기에 나오는 사람이나 사물, 동물을 말합니다. 사건과 배경은 무엇일까요?

 오늘의 글쓰기는 어땠나요? 도형에 색칠해 보세요.

 너무 어려웠어요!
 살짝 어려웠어요!
 제 수준에 맞았어요.
 너무 쉬웠어요.

새로운 어휘를 배우게 된 오늘은 ◯월 ◯일

13 꾸미는 말을 넣어 글을 써 볼까?

★ 오늘의 글을 소리 내어 읽어 보세요.

뜻 : 뒤에 오는 말을 꾸며 주는 말.

- '도깨비가 나타났어요.', '머리에 커다란 뿔이 달린 도깨비가 나타났어요.', 이 둘 중에서 더 실감나는 건 어떤 건가요?
- 두 번째요! 커다란 뿔이 달려 있다고 하니 도깨비 얼굴이 떠올라서 더 실감이 났어요.
- '커다란 뿔이 달린'처럼 뒤에 오는 말을 꾸며 주는 말을 '**꾸미는 말**'이라고 해요.

다음 문장에 어울리는 꾸미는 말에 동그라미를 해볼까요?

❶ 우리는 (파란 / 맛있는) 하늘을 봤다.
❷ (무서운 / 가까운) 호랑이가 나타났다.
❸ (매콤한 / 달리는) 떡볶이를 먹었다.
❹ 기분이 좋아져 (신나게 / 슬프게) 달렸다.

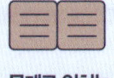

문제로 익히는 어 휘 도 전

★ 오늘의 학습어휘를 소리 내어 읽으며 따라 쓰세요.

❶ "꾸미는 말을 쓰면 어떤 점이 좋을까?"
❷ "꾸미는 말을 쓰면 내가 어떤 생각을 하는지 잘 보여 줄 수 있어."
❸ "꾸미는 말을 쓰면 생생한 표현이 되는 것 같아."
❹ "꾸미는 말이 들어간 문장이 더 재미있어."

★ 빈칸에 들어갈 어휘를 보기에서 찾아 쓰세요.

| 보기 | 즐겁게, 무서운 |

친구들과 놀이터에서 ☐☐☐ 놀았다.

나는 ☐☐☐ 놀이 기구 타는 걸 좋아해.

★ 오늘 배운 어휘를 사용하여 한 문장 글쓰기를 해보세요.

 예) 오늘은 일기 쓸 때 꾸미는 말을 넣어 봐야겠다.

 심화 학습어휘

'활짝', '깡충깡충', '엉금엉금' 같은 흉내 내는 말도 꾸미는 말이 될 수 있어요. 3~4학년에서는 국어사전에서 다양한 꾸미는 말을 찾아 써 볼 거예요.

 오늘의 글쓰기는 어땠나요? 도형에 색칠해 보세요.

 너무 어려웠어요! 살짝 어려웠어요!

 제 수준에 맞았어요.

 너무 쉬웠어요.

새로운 어휘를 배우게 된 오늘은 ○월 ○일

14 바른말, 고운 말을 써 볼까?

★ 오늘의 글을 소리 내어 읽어 보세요.

뜻 : 잘못된 것 없이 맞는 말.

- 우리 집에서 **바른말**을 가장 잘 쓰는 사람은 누구지?
- 유비가 **바른말**을 잘해요.
- 맞아, 유비는 우리 가족들이 옳지 않은 행동을 하면 **바른말**을 자주 해주지.
- 유비야, 고마워!

뜻 : 듣기 좋은 말.

- 여러분! 앞으로 **고운 말**을 쓸 거죠? 그럼 언제 **고운 말**을 써야 할까요?
- 말을 할 때마다 **고운 말**을 써요.
- 화가 날 때 **고운 말**을 써요.
- 맞아요. **고운 말**은 평소에 써야 해요. 그리고 화가 날 때는 더 **고운 말**을 쓰려고 노력해야 해요.

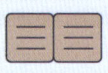

문제로 익히는 어휘도젠

★ 오늘의 학습어휘를 소리 내어 읽으며 따라 쓰세요.

❶ "듣는 사람이 기분 좋게 |바|른|말| 을 쓰는 게 어때?"

❷ "시끄러워!"를 |고|운| |말| 로 바꾸면 "우리 같이 조용히 할까?"다.

❸ " |바|른| |말| 을 쓰는 습관을 가져야 해."

❹ " |고|운| |말| 을 쓰면 기분이 좋아지는 거 같아."

★ 빈칸에 들어갈 어휘를 보기에서 찾아 쓰세요.

| 보기 | 바른말, 고운 말 |

☐☐☐ 과 바르지 않은 말을 잘 생각해 쓰자.

"우리 같이 할까?"는 ☐☐ ☐ 이다.

★ 오늘 배운 어휘를 사용하여 한 문장 글쓰기를 해보세요.

 예 친구를 배려하는 고운 말을 쓰자.

심화 학습어휘

다른 사람들에게 바른말, 고운 말을 사용하는 사람은 '언어 예절'이 좋은 사람입니다. 말할 때 다른 사람을 생각해서 말하는 언어 예절이 좋은 사람이 되고 싶지 않나요?

 오늘의 글쓰기는 어땠나요? 도형에 색칠해 보세요.

 너무 어려웠어요!
 살짝 어려웠어요!
 제 수준에 맞았어요.
 너무 쉬웠어요.

51

새로운 어휘를 배우게 된 오늘은 ◯월 ◯일

시는 어떻게 읽어야 할까?

15

★ 오늘의 글을 소리 내어 읽어 보세요.

낭송	👧 은호야, 너는 좋아하는 시 있어? 👦 응! 물론이지. 국어책에 있는 시야. 내가 한번 **낭송**해 볼까? 👧 좋아. 큰 소리로 **낭송**해 줘! 👦 제목, 아이스크림. 앗 뜨거워, 앗 뜨거워, 더운 여름, 앗 차가워, 앗 차가워, 시원한 아이스크림…….
뜻 : 시를 크게 소리 내어 읽는 것.	
암송	👧 선생님, 시를 잘 외우는 방법이 있나요? 👨‍🏫 시를 여러 번 낭송하면 저절로 외워진단다. 👦 몇 번 정도 읽으면 **암송**할 수 있는데요? 👨‍🏫 음……. 몇 번이라고 정해진 건 아니야. 계속 읽다 보면 나도 모르게 외워져서 **암송**할 수 있을 거야. 👧 그래요? 그럼 지금부터 열 번 읽어 볼게요.
뜻 : 시를 외워서 낭송하는 것.	

문제로 익히는
어 휘 도 젠

★ 오늘의 학습어휘를 소리 내어 읽으며 따라 쓰세요.

❶ "좋아하는 시를 [낭][송] 해 볼까요?"

❷ "오늘 배운 시를 [암][송] 해 볼 사람 있나요?"

❸ 운율을 살려 시를 읽는 것을 [낭][송] 이라 한다.

❹ 시를 외워서 읽는 것을 [암][송] 이라 한다.

52

★ 빈칸에 들어갈 어휘를 보기에서 찾아 쓰세요.

| 보기 | 낭송, 암송 |

은결이가 오늘 배운 시를 소리 내어 ☐☐ 하고 있다.

지원이가 시를 ☐☐ 하기 위해 눈을 감고 외우고 있다.

★ 오늘 배운 어휘를 사용하여 한 문장 글쓰기를 해보세요.

예) 암송은 시를 외워서 낭송하는 것이다.

심화 학습어휘: 3~4학년에서는 시나 이야기를 읽고, 내 마음에 드는 '작품'을 다른 사람에게 소개합니다. 여기서 작품이란 시나 소설과 같은 '문학작품'을 말합니다.

 오늘의 글쓰기는 어땠나요? 도형에 색칠해 보세요.

 너무 어려웠어요!
 살짝 어려웠어요!
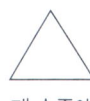 제 수준에 맞았어요.
 너무 쉬웠어요.

16 소리 나는 대로 썼는데 왜 틀렸을까?

새로운 어휘를 배우게 된 오늘은 ◯월 ◯일

★ 오늘의 글을 소리 내어 읽어 보세요.

뜻 : 귀에 들리는 것.

- 엄마, 받아쓰기가 너무 어려워요.
- 그래? 어떤 게 어려운데?
- **소리** 나는 대로 썼는데 다 틀렸어요.
- 비슷한 **소리**가 나는 단어들이 헷갈렸나 보네.
- 네, '반듯이'랑 '반드시'는 **소리**는 똑같잖아요. 그런데 글자는 서로 달라요. 그래서 틀렸어요.

뜻 : 글자로 쓴 것.

- 단어를 바르게 쓰려면 소리 나는 대로 **표기**하지 않는 단어도 있다는 걸 알아야 해요.
- 선생님! 어떤 게 있는데요?
- 여러분이 알고 있는 '같다'를 생각해 보세요. 내 지우개와 네 지우개가 똑같을 때 '갓다'가 아니라 '같다'라고 쓰죠? 이게 바로 소리 나는 대로 **표기**하지 않는 거예요.

문제로 익히는 어휘 도전

★ 오늘의 학습어휘를 소리 내어 읽으며 따라 쓰세요.

❶ '부치다'와 '붙이다'는 　소 리　 가 같지만, 　표 기　 는 다르다.

❷ 편지를 보내는 것은 '편지를 부치다.'라고 　소 리　 내고, '편지를 부치다.'라고 쓴다.

❸ 색종이를 붙이는 것은 '색종이를 부치다.'라고 소리 내고, '색종이를 붙이다.'라고 　표 기　 한다.

★ 빈칸에 들어갈 어휘를 보기에서 찾아 쓰세요.

| 보기 | 소리, 표기 |

'라면을 식혀서 먹자.'는 '라면을 시켜서 먹자.'로 ☐☐ 난다.

'거부기가 느리다.'의 ☐☐ 는 '거북이가 느리다.'다.

★ 오늘 배운 어휘를 사용하여 한 문장 글쓰기를 해보세요.

 예 '반듯이'와 '반드시'는 소리는 비슷한데, 표기가 다르다.

 심화 학습어휘   소리나 소리 내는 걸 '발음'이라고 합니다. 3~4학년에서는 '발음'과 '표기'가 다른 단어들을 계속 배우게 됩니다. '낳다'와 '낫다', '닫히다'와 '다치다', ' 있다가'와 '이따가'와 같은 단어들이죠.

 오늘의 글쓰기는 어땠나요? 도형에 색칠해 보세요.

 너무 어려웠어요!
 살짝 어려웠어요!
 제 수준에 맞았어요.
 너무 쉬웠어요.

새로운 어휘를 배우게 된 오늘은 월 일

17 흉내 내는 말을 넣어 글을 써 볼까?

★ 오늘의 글을 소리 내어 읽어 보세요.

뜻 : 다른 사람 혹은 동물이 하는 말이나 행동을 따라하는 것.

- 그날 밤, 팥죽할멈을 만난 호랑이가 '어흥' 하며 울었어요.
- 엄마, '어흥' 울음소리 한 번 더 내 주세요.
- 왜?
- **흉내**를 너무 잘 내셔서요. 진짜 호랑이 울음소리 같았거든요.

뜻 : 사람이나 사물이 생긴 모양.

- 은솔아, 너는 아빠 닮았어, 엄마 닮았어?
- 나? 나는 엄마 **모습**을 더 닮았어. 엄마처럼 쌍꺼풀이 있고, 피부가 하얗거든.
- 그렇구나. 나는 아빠 닮았는데. 이마, 코, 턱까지! 그런데 할아버지 **모습**도 많이 닮은 것 같아.
- 진짜? 아빠 사진 보여줄 수 있어?

문제로 익히는 어 휘 도 젠

★ 오늘의 학습어휘를 소리 내어 읽으며 따라 쓰세요.

① 흉 내 내는 말은 재미있다.

② 토끼가 움직이는 모 습 을 흉내 내는 말은 '깡충깡충'이다.

③ '멍멍', '야옹야옹'은 소리를 흉 내 내는 말이다.

④ 햇볕이 내리쬐는 모 습 을 나타낼 때 '쨍쨍'이라고 한다.

★ 빈칸에 들어갈 어휘를 보기에서 찾아 쓰세요.

| 보기 | 흉내, 모습 |

동석이는 거북이 ☐☐ 를 잘 낸다.

'별이 반짝반짝 빛난다.'는 밤하늘의 ☐☐ 을 표현한 말이다.

★ 오늘 배운 어휘를 사용하여 한 문장 글쓰기를 해보세요.

예 은별이는 강아지 흉내를 잘 낸다.

 심화 학습어휘

시나 노래에는 흉내 내는 말이 많이 들어 있습니다. 흉내 내는 말을 반복해서 쓰면 '운율'이 느껴지기 때문이죠. '살랑살랑', '말랑말랑' 같은 흉내 내는 말을 들으면 어떤 느낌이 드나요?

 오늘의 글쓰기는 어땠나요? 도형에 색칠해 보세요.

 너무 어려웠어요!
 살짝 어려웠어요!
 제 수준에 맞았어요.
 너무 쉬웠어요.

18. 내가 좋아하는 물건을 소개해 볼까?

새로운 어휘를 배우게 된 오늘은 ◯월 ◯일

★ 오늘의 글을 소리 내어 읽어 보세요.

물건
뜻 : 지우개, 가방처럼 모양을 가지고 있는 것.

- 종현아, 네 주변에 있는 **물건** 세 개만 말해 볼래?
- 음……. '**물건**'이 무슨 말이야?
- 네 옆에 있는 지우개, 가방, 연필, 이런 게 다 **물건**이야.
- 이걸 **물건**이라고 하는구나. 그럼 스마트폰, 물통, 필통. 이렇게 세 개! 세 가지 모두 **물건** 맞지?

소개
뜻 : 다른 사람이 알도록 설명하는 것.

- 오늘은 내가 좋아하는 물건을 친구들에게 **소개**하는 날이죠? 누가 먼저 **소개**해 볼까요?
- 제가 먼저 할게요. 제가 **소개**하고 싶은 물건은 인형입니다. 이 인형은 생일날 친구에게 선물 받았어요.
- 그 인형의 좋은 점도 **소개**해 줄래요?
- 이 인형은 부드럽습니다. 그리고 말랑말랑해요.

문제로 익히는 어휘도젠

★ 오늘의 학습어휘를 소리 내어 읽으며 따라 쓰세요.

❶ "이 [물][건] 은 조선 시대에 사용한 시계야."

❷ "내가 가장 소중하게 생각하는 물건을 [소][개] 할게."

❸ "여러분! 교실 뒤쪽에 누군가가 잃어버린 [물][건] 들을 모아 뒀으니 찾아 가세요."

❹ "요리할 때 필요한 재료들을 [소][개] 해 볼게."

★ 빈칸에 들어갈 어휘를 보기에서 찾아 쓰세요.

| 보기 | 물건, 소개 |

은별이가 설명하고 싶은 □□ 은 가방이다.

지현이는 자기가 좋아하는 배구공을 □□ 했다.

★ 오늘 배운 어휘를 사용하여 한 문장 글쓰기를 해보세요.

예) 내가 소개하고 싶은 물건은 장난감이다.

심화 학습어휘: 3~4학년에서는 '중심 문장'과 '뒷받침 문장'을 사용하여 물건을 소개합니다. 중심 문장은 문단에서 가장 중요한 문장입니다. 뒷받침 문장은 중심 문장을 설명해주는 문장입니다.

오늘의 글쓰기는 어땠나요? 도형에 색칠해 보세요.

★ 너무 어려웠어요! ○ 살짝 어려웠어요! △ 제 수준에 맞았어요. □ 너무 쉬웠어요.

새로운 어휘를 배우게 된 오늘은 ◯월 ◯일

19. 생일에 나는 어떤 경험을 했을까?

★ 오늘의 글을 소리 내어 읽어 보세요.

경험

뜻 : 내가 해본 일, 내가 겪은 일.

- 유진아, 지난주 일요일이 생일이었지? 늦었지만, 축하해! 생일에 **경험**한 일 그릴 때 뭐 그릴 거야?
- 가족과 함께 생일 파티한 **경험**을 그릴 거야.
- 생일 파티를 했구나. 생일 선물도 받았어?
- 응. 새 운동화를 선물로 받았어.

생각

뜻 : 내 경험에 대한 기억.

- 고은아, 유진이가 그린 생일 파티 그림을 보고 어떤 **생각**을 했어?
- 유진이네 가족이 사이가 좋다고 **생각**했어. 또 새 운동화를 선물 받아서 기분이 좋았을 것 같아.
- 나도 비슷하게 **생각**했어. 다음 주가 내 생일인데 나도 유진이처럼 운동화를 선물로 받고 싶어.

문제로 익히는 어휘도전

★ 오늘의 학습어휘를 소리 내어 읽으며 따라 쓰세요.

❶ 경험 은 내가 해본 일이나 내가 겪은 일을 말한다.

❷ 친구와 글을 바꿔 읽고, 친구는 어떻게 생각 했는지 물어보자.

❸ 학교에서 일어난 일 중에서 인상 깊은 경험 을 떠올려 보자.

❹ "나의 생각 과 느낌을 친구들과 이야기해 볼까?"

★ 빈칸에 들어갈 어휘를 보기에서 찾아 쓰세요.

| 보기 | 경험, 생각 |

종원이가 놀이터에서 겪은 ☐☐ 을 이야기했다.

지영이는 "종원이는 정말 용감한 친구야." 라고 자기 ☐☐ 을 말했다.

★ 오늘 배운 어휘를 사용하여 한 문장 글쓰기를 해보세요.

 예 내가 놀이터에서 경험한 일을 엄마에게 말해 주었다.

심화 학습어휘

글에서 가장 중요한 내용을 '주제'라고 합니다. 놀이터에서의 경험, 생일에 대한 내 생각 같은 것도 모두 글의 주제가 될 수 있죠. 3~4학년에서는 주제에 맞춰 글을 쓰는 방법을 배우게 될 거예요.

 오늘의 글쓰기는 어땠나요? 도형에 색칠해 보세요.

 너무 어려웠어요!
 살짝 어려웠어요!
 제 수준에 맞았어요.
 너무 쉬웠어요.

새로운 어휘를 배우게 된 오늘은 ○월 ○일

인터넷 매체가 뭘까?

★ 오늘의 글을 소리 내어 읽어 보세요.

매체

뜻 : 정보를 전달하는 매개체.

- 오늘은 **매체**라는 단어를 배울 거예요.
- **매체**가 무슨 말이에요?
- 정보를 전달하는 매개체를 **매체**라고 해요. 예를 들어 줄게요. 신문이나 잡지는 인쇄 **매체**에요. TV 프로그램이나 영화는 영상 **매체**고요. 그럼 유튜브는 어떤 **매체**일까요?

인터넷 매체

뜻 : 인터넷을 통해 정보를 전달하는 매개체.

- 유튜브는 영상이니까 영상 매체 맞죠?
- 유튜브는 스마트폰이나 컴퓨터로 봐야 하니깐 컴퓨터 매체 맞죠?
- 두 친구 모두 잘 생각했네요. 스마트폰으로 보내는 메시지나 유튜브 영상 같은 건 **인터넷 매체**라고 합니다. 아마 여러분은 오늘 아침에도 **인터넷 매체**를 읽거나 봤을 것 같은데, 맞나요?

문제로 익히는 어휘도전

★ 오늘의 학습어휘를 소리 내어 읽으며 따라 쓰세요.

❶ 나는 오늘 인쇄 [매][체] 인 잡지를 봤다.

❷ 사람들은 [인][터][넷][매][체] 를 많이 사용한다.

❸ "TV에서 만화를 보는 건 영상 [매][체] 를 보는 거야."

❹ [인][터][넷][매][체] 자료에는 글, 그림, 영상이 모두 있다.

★ 빈칸에 들어갈 어휘를 보기에서 찾아 쓰세요.

보기   매체, 인터넷 매체

| | 자료를 볼 땐 글과 사진을 잘 살펴본다. | 미진이는 | | 로 자료를 찾아 숙제를 한다. |

★ 오늘 배운 어휘를 사용하여 한 문장 글쓰기를 해보세요.

예) 나는 인터넷 매체로 친구들과 이야기했다.

심화 학습어휘: 3~4학년에서는 스마트폰, 태블릿 PC, 노트북과 같은 '디지털 기기'를 이용해 글을 쓰거나 발표 자료를 만들게 될 거예요. 인터넷 매체를 보던 학생에서 인터넷 매체를 만드는 학생이 되는 거죠.

오늘의 글쓰기는 어땠나요? 도형에 색칠해 보세요.

★ 너무 어려웠어요! ○ 살짝 어려웠어요! △ 제 수준에 맞았어요. □ 너무 쉬웠어요.

수학 교과에서 문해력 다지기

★ 둘째 마당에서 배울 학습어휘들 ★

- ☐ 01 가르기, 모으기
- ☐ 02 덧셈, 뺄셈
- ☐ 03 무게, 비교
- ☐ 04 하나씩 세기, 뛰어서 세기
- ☐ 05 백, 세 자릿수
- ☐ 06 원, 삼각형, 사각형
- ☐ 07 칠교놀이
- ☐ 08 홀수, 짝수
- ☐ 09 단위, 길이
- ☐ 10 분류, 기준
- ☐ 11 묶어 세기, 낱개와 더해 세기
- ☐ 12 천, 네 자릿수
- ☐ 13 곱셈, 곱셈구구
- ☐ 14 1m, 어림
- ☐ 15 시각, 시간
- ☐ 16 무늬, 규칙

새로운 어휘를 배우게 된 오늘은 월 일

가르기와 모으기를 해볼까?

★ 오늘의 글을 소리 내어 읽어 보세요.

뜻 : 하나의 수를 두 개 또는 두 개보다 많은 수로 나누는 것.

🧒 은별아, 나한테 사탕 다섯 개가 있는데, 이걸 **가르기** 해 볼래?

👦 물론이지, 내가 써 볼게!

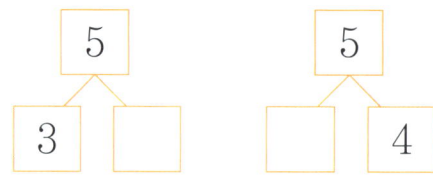

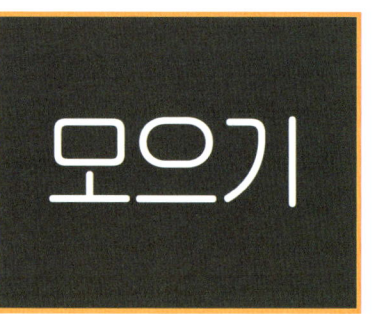

뜻 : 두 개 또는 두 개보다 많은 수를 모아 하나의 수로 만드는 것.

👦 미소야, 내가 가지고 있는 사탕 2개와 4개를 **모으기** 하면 몇 개가 될까?

👧 음……. 자신 없지만, 써 볼게!

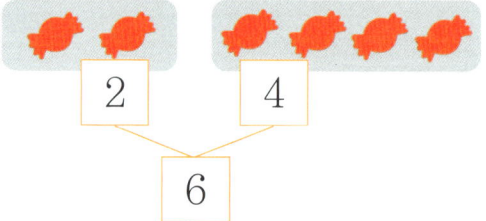

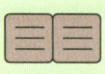

문제로 익히는
어 휘 도 전

★ 오늘의 학습어휘를 소리 내어 읽으며 따라 쓰세요.

❶ "사탕 다섯 개를 가 르 기 하면 2, 3이 돼."

❷ "1, 2, 3 세 개의 수를 모 으 기 하면 6이 돼."

❸ " 가 르 기 와 모으기를 배우면 덧셈과 뺄셈을 쉽게 할 수 있어."

❹ "가르기와 모 으 기 는 서로 반대로 생각하면 돼!"

★ 빈칸에 들어갈 어휘를 보기에서 찾아 쓰세요.

| 보기 | 가르기, 모으기 |

도넛 여섯 개는 3개와 3개로 ☐☐☐ 할 수 있다.

도넛 2개와 3개를 ☐☐☐ 하면 5개가 된다.

★ 오늘 배운 어휘를 사용하여 한 문장 글쓰기를 해보세요.

 블록 3개는 1개와 2개로 가르기 할 수 있다.

심화 학습어휘 가르기와 모으기를 익히면 더하기, 빼기인 '덧셈'과 '뺄셈'도 잘할 수 있습니다. 3~4학년에서는 덧셈과 뺄셈을 배울 때 '수모형'이라는 블록을 가지고 큰 수들을 계산하게 될 거예요!

오늘의 글쓰기는 어땠나요? 빈 칸에 색칠해 보세요.

너무 어려웠어요! / 살짝 어려웠어요! / 제 수준에 맞았어요. / 너무 쉬웠어요.

67

새로운 어휘를 배우게 된 오늘은 ◯월 ◯일

02 덧셈과 뺄셈이 뭘까?

★ 오늘의 글을 소리 내어 읽어 보세요.

뜻 : 여러 개의 수를 합하는 것.

🧑 호연아, 내가 식을 쓸게! **덧셈**을 해보고 알게 된 점을 이야기해 줄래?

2+1 = ?

2+2 = ?

2+3 = ?

2+4 = ?

👧 수가 3부터 시작해서 하나씩 커지는 거 같은데?

뜻 : 어떤 수에서 다른 수를 빼는 것.

👧 준영아, 내가 식을 쓸게! **뺄셈**을 해보고 알게 된 점을 이야기해 줄래?

5−2 = ?

6−3 = ?

7−4 = ?

8−5 = ?

🧑 물음표 안에 들어갈 수가 모두 같은 수 아니야?

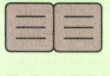

문제로 익히는
어 휘 도 전!

★ 오늘의 학습어휘를 소리 내어 읽으며 따라 쓰세요.

❶ 내가 가진 동전 3개와 네가 가진 동전 2개를 [덧][셈] 해 볼까?

❷ 덧셈을 잘하면 [뺄][셈] 도 잘할 수 있을까?

❸ 3+2=5는 [덧][셈] 식이야.

❹ 6−1=5는 [뺄][셈] 식이야.

★ 빈칸에 들어갈 어휘를 보기에서 찾아 쓰세요.

| 보기 | 덧셈, 뺄셈 |

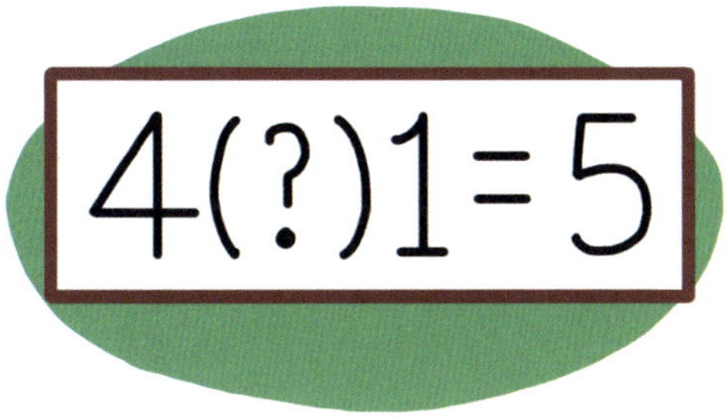

4(?)1=5

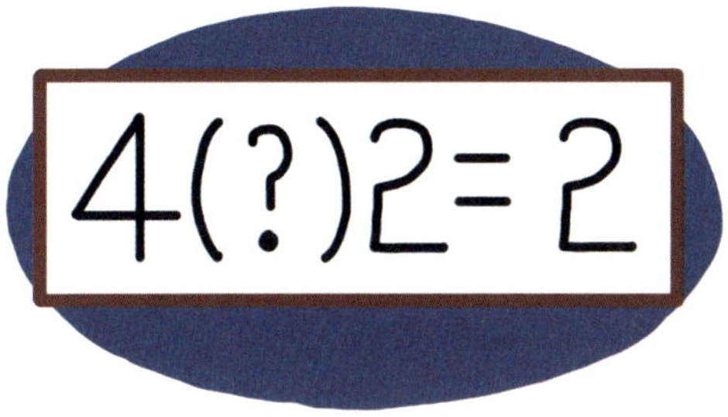

4(?)2=2

"그림에 알맞은 [　][　] 식은

4+1=5야."

"그림에 알맞은 [　][　] 식은

4-2=2야."

★ 오늘 배운 어휘를 사용하여 한 문장 글쓰기를 해보세요.

예 그림을 보고 덧셈식을 쓰는 건 자신 있다!

심화 학습어휘 3~4학년에서는 조금 더 큰 수들의 덧셈과 뺄셈을 배웁니다. 그래서 '받아올림'과 '받아내림'이 필요하죠. 받아올림은 수를 더한 값이 100이나 10보다 클 때 윗자리로 올려주는 것이고, 받아내림은 수를 뺄 수 없을 때 윗자리에서 수를 내려주는 것입니다.

 오늘의 글쓰기는 어땠나요? 빈 칸에 색칠해 보세요.

☆ 너무 어려웠어요! ○ 살짝 어려웠어요! △ 제 수준에 맞았어요. □ 너무 쉬웠어요.

69

새로운 어휘를 배우게 된 오늘은 ◯월 ◯일

둘 중에 더 무거운 건 무엇일까?

03

★ 오늘의 글을 소리 내어 읽어 보세요.

뜻 : 물건의 무거운 정도.

- 소은아, 내가 문제를 낼게 맞혀 봐! 호랑이와 다람쥐 중에서 **무게**가 더 많이 나가는 동물은 뭘까?
- 당연히 호랑이지. 호랑이가 훨씬 몸집이 크잖아.
- 그럼 호랑이와 사자 중에서 **무게**가 더 나가는 건?
- 음……. 이건 너무 어려운데?

뜻 : 여러 물건의 차이를 알기 위해 서로 대보는 것.

- 무게를 **비교**할 땐 두 가지 단어를 사용하면 돼.
- 어떤 건데?
- '무겁다'와 '가볍다'야. '이게 무거워.', '이게 가장 무거워.', '이게 가벼워.', '이게 가장 가벼워.', 이렇게만 말하면 끝!
- 정말이네. 딱 두 가지만 알고 있으면 무게를 **비교**하는 건 정말 쉬운 일이잖아!

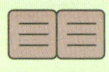

문제로 익히는
어 휘 도 젠

★ 오늘의 학습어휘를 소리 내어 읽으며 따라 쓰세요.

❶ "필통과 교과서의 무 게 를 비교해 볼까?"

❷ "둘 중에 더 무거운 게 무엇인지는 비 교 해 보면 알 수 있지."

❸ " 무 게 를 비교하고 싶은 물건을 가져올래?"

❹ "내 가방과 네 가방의 무게를 비 교 해 볼까?"

★ 빈칸에 들어갈 어휘를 보기에서 찾아 쓰세요.

| 보기 | 무게, 비교 |

"눈으로 ☐☐ 를 알기 어려울 때는 직접 들어 보면 돼!"

시소를 타면 서로의 몸무게를 ☐☐ 할 수 있다.

★ 오늘 배운 어휘를 사용하여 한 문장 글쓰기를 해보세요.

예) 내 몸무게와 동생의 몸무게를 비교해 봤다.

심화 학습어휘

3~4학년에서는 무게를 재는 '단위'를 배웁니다. 우리가 귤 한 상자를 사면 '5kg이다.', '10kg이다.', 이렇게 말하죠? 이때 사용하는 kg이 바로 무게를 재는 단위입니다. kg이라고 쓰고, '킬로그램'이라고 읽습니다. 1kg은 '일 킬로그램'이라고 읽고요.

오늘의 글쓰기는 어땠나요? 빈 칸에 색칠해 보세요.

☆ 너무 어려웠어요!　○ 살짝 어려웠어요!　△ 제 수준에 맞았어요.　□ 너무 쉬웠어요.

새로운 어휘를 배우게 된 오늘은 월 일

04 50까지 수 세기를 해볼까?

★ 오늘의 글을 소리 내어 읽어 보세요.

하나씩 세기

뜻 : 수 세기를 할 때 하나씩 세는 방법.

- 선생님과 함께 수 세기를 해볼까요? 수를 세는 방법에는 여러 가지가 있는데, 오늘은 제일 쉬운 **하나씩 세기**로 세 볼게요.
- 어떻게 하는 건데요?
- 하나, 둘, 셋, 넷, 다섯, 여섯······.
- 아하! 이건 너무 쉽죠.

뛰어서 세기

뜻 : 수 세기를 할 때 둘씩, 셋씩, 넷씩······ 뛰어서 세는 방법.

- 그럼 이건 어떻게 세는 건지 맞혀 볼래요?
- 네, 수 세기를 해주세요.
- 둘, 넷, 여섯, 여덟, 열······.
- 둘씩 뛰어서 세셨네요. 이 방법은 뭐라고 하나요?
- **뛰어서 세기**라고 합니다.

문제로 익히는 어휘 도전

★ 오늘의 학습어휘를 소리 내어 읽으며 따라 쓰세요.

❶ " 하 나 씩 세 기 는 순서대로 수를 세는 거라 정말 쉬워."

❷ " 뛰 어 서 세 기 를 하면 수를 빨리 셀 수 있어."

❸ "우리 반 친구들이 몇 명인지 하 나 씩 세 기 로 세어 볼까?"

❹ "분필이 몇 개 있는지 뛰 어 서 세 기 로 세어 볼까?"

★ 빈칸에 들어갈 어휘를 보기에서 찾아 쓰세요.

| 보기 | 하나씩 세기, 뛰어서 세기 |

"요구르트를 ☐☐☐ ☐☐ 하면 모두 15개야."

"요구르트를 3, 6, 9, 12, 15로 ☐☐☐ ☐☐ 해 봤어!"

★ 오늘 배운 어휘를 사용하여 한 문장 글쓰기를 해보세요.

 뛰어서 세기 방법을 사용하면 수를 빨리 셀 수 있다.

심화 학습어휘

뛰어서 세기는 나중에 배울 '곱셈'과 관련이 있습니다. 2, 4, 6……처럼 둘씩 뛰어서 세기, 3, 6, 9……처럼 셋씩 뛰어서 세기가 있지요. '곱셈'을 잘 배워 두면 어떤 수를 다른 수로 나누는 '나눗셈'을 할 때도 도움을 받을 수 있습니다.

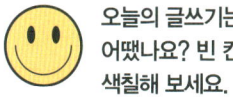 오늘의 글쓰기는 어땠나요? 빈 칸에 색칠해 보세요.

 너무 어려웠어요!   살짝 어려웠어요!  제 수준에 맞았어요.   너무 쉬웠어요.

73

새로운 어휘를 배우게 된 오늘은 월 일

05 100원이 다섯 개 있으면 얼마일까?

★ 오늘의 글을 소리 내어 읽어 보세요.

뜻 : 99보다 1 큰 수. '100'이라고 쓴다.

- ……97, 98, 99, **100**! 겨우 다 세었다!
- 하나씩 세기 하고 있었어? 1부터 시작해서 **100**까지 세다니 대단하다.
- **100**까지 세면 부모님께 **100**원 받기로 했거든.
- 그럼 500까지 세면 500원, 900까지 세면 900원 받는 거야?
- 500원 받으려면 **100**까지 센 것보다 얼마나 더 세야 하지?

뜻 : 321, 123처럼 백의 자리, 십의 자리, 일의 자리의 수가 있는 수.

- 100원이 한 개 있으면 얼마일까?
- 당연히 100원이지.
- 그럼, 100원이 세 개 있으면?
- 그건 300원이지.
- 100원이 다섯 개 있으면?
- 그건 500원이지. 100, 300, 500 모두 **세 자릿수** 맞지?

문제로 익히는 어휘도전

★ 오늘의 학습어휘를 소리 내어 읽으며 따라 쓰세요.

❶ 　백　 은 90보다 10 큰 수, 10이 10개 있는 수다.

❷ 200, 300, 400, 500은 모두 　세　자　릿　수　 다.

❸ 　백　 원이 다섯 개 있으면 오백 원이다.

❹ 　세　자　릿　수　 의 크기를 비교할 때는 백의 자리부터 순서대로 비교한다.

★ 빈칸에 들어갈 어휘를 보기에서 찾아 쓰세요.

| 보기 | 백, 세 자릿수 |

321의 ☐의 자리 숫자 3은 300을 나타낸다.

☐☐☐☐
521은 '오백이십일'이라고 읽는다.

★ 오늘 배운 어휘를 사용하여 한 문장 글쓰기를 해보세요.

 100이 다섯 개 있으면 500이고, 이건 세 자릿수다.

 3~4학년에서는 세 자릿수와 세 자릿수를 더하거나 세 자릿수와 두 자릿수를 곱하고 나누는 걸 배우게 될 거예요. 이때 '검산'을 하게 돼요. 검산이란 내가 계산한 결과가 맞는지 확인하기 위해 문제를 다시 풀어 보는 것입니다.

오늘의 글쓰기는 어땠나요? 빈 칸에 색칠해 보세요.

 너무 어려웠어요!
 살짝 어려웠어요!
 제 수준에 맞았어요.
 너무 쉬웠어요.

새로운 어휘를 배우게 된 오늘은 ◯월 ◯일

우리 반에서 ◯, △, ☐ 모양을 찾아볼까?

06

★ 오늘의 글을 소리 내어 읽어 보세요.

원	🧑 우리 반에서 동그라미 모양을 찾아볼까? 👧 동전, 선풍기, 탬버린, 물통, 테이프, 풀이요. 🧑 우와! 대단하네, 그 속에 동그란 모양이 **원**이야.
뜻 : 동그라미 모양의 도형.	
삼각형	🧑 우리 반에서 세모 모양을 찾아볼까? 👧 삼각자, 트라이앵글, 옷걸이, 반으로 접은 색종이요. 🧑 잘 찾는구나! 그 속에 세모 모양이 **삼각형**이야.
뜻 : 세모 모양의 도형, 세 개의 각이 있는 도형.	
사각형	🧑 우리 반에서 네모 모양을 찾아볼까? 👧 사물함, TV, 칠판, 창문, 바구니, 도화지요. 🧑 너무 많지? 그 속에 네모 모양이 **사각형**이야.
뜻 : 네모 모양의 도형, 네 개의 각이 있는 도형.	

문제로 익히는 어 휘 도 젠

★ 오늘의 학습어휘를 소리 내어 읽으며 따라 쓰세요.

❶ 우리 반에서 　원　 모양인 것은 탬버린, 훌라후프다.

❷ 우리 반에서 　삼 각 형　 모양인 것은 삼각자, 트라이앵글이다.

❸ 우리 반에서 　사 각 형　 모양인 것은 TV, 모니터, 칠판이다.

❹ 　원　 에는 삼각형, 사각형과 다르게 뾰족한 부분이 없다.

★ 빈칸에 들어갈 어휘를 보기에서 찾아 쓰세요.

보기 ： 원, 삼각형, 사각형

"동전으로 ☐ 을 그려 봐!"

"☐☐ 은 삼각자로 그릴 수 있어!"

"교과서 모양은 ☐☐ 이야!"

★ 오늘 배운 어휘를 사용하여 한 문장 글쓰기를 해보세요.

 우리 반에서 원 모양인 것은 시계와 선풍기다.

심화 학습어휘 ： 3~4학년에서는 다양한 모양의 삼각형, 사각형을 배우게 될 거예요. 삼각형은 '직각삼각형', '이등변삼각형', '정삼각형'을 배울 거고요. 사각형은 '직사각형', '정사각형', '사다리꼴', '평행사변형', '마름모'를 배울 거예요.

오늘의 글쓰기는 어땠나요? 빈 칸에 색칠해 보세요.

 너무 어려웠어요!
 살짝 어려웠어요!
 제 수준에 맞았어요.
 너무 쉬웠어요.

77

새로운 어휘를 배우게 된 오늘은 ◯월 ◯일

칠교놀이는 어떻게 하는 걸까?

07

★ 오늘의 글을 소리 내어 읽어 보세요.

뜻 : 일곱 조각의 도형을 이용하여
여러 가지 모양을 만드는 놀이.

- 엄마! 이 커다란 사각형은 뭐예요?
- **칠교놀이**란다. 가로와 세로의 길이가 같은 커다란 사각형을 일곱 조각으로 만든 퍼즐 놀이야.
- 재밌을 것 같아요. 우리 같이 해볼까요?
- 좋아, 대신 규칙이 있어. 모양을 만들 때 일곱 조각 모두를 사용해야 한단다.

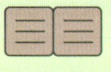

문제로 익히는
어 휘 도 젠

★ 오늘의 학습어휘를 소리 내어 읽으며 따라 쓰세요.

❶ 색종이를 잘라서 칠교놀이 를 만들어 볼까?

❷ 토끼 모양을 만드는 칠교놀이 를 해볼까?

❸ 배 모양을 만드는 칠교놀이 를 해볼까?

❹ 동물 모양을 만드는 칠교놀이 를 해볼까?

★ 빈칸에 들어갈 어휘를 보기에서 찾아 쓰세요.

| 보기 | 칠교놀이 |

" ☐☐☐☐ 에 있는 7개 조각들 중 삼각형 모양은 몇 개일까?"

" ☐☐☐☐ 에 있는 7개 조각들 중 사각형 모양은 몇 개일까?"

★ 오늘 배운 어휘를 사용하여 한 문장 글쓰기를 해보세요.

예) 나는 칠교놀이를 할 때 금붕어를 만들었다.

심화 학습어휘: 칠교놀이에는 일곱 조각의 도형이 있습니다. 이 중에는 3~4학년에서 배우게 될 '평행사변형'이라는 사각형도 있죠. 평행사변형은 옷의 무늬나 도로에 있는 검은색, 노란색이 섞인 시설물에서 볼 수 있습니다.

오늘의 글쓰기는 어땠나요? 빈 칸에 색칠해 보세요.

☆ 너무 어려웠어요!
○ 살짝 어려웠어요!
△ 제 수준에 맞았어요.
☐ 너무 쉬웠어요.

79

새로운 어휘를 배우게 된 오늘은 ◯월 ◯일

홀짝놀이를 해볼까?

★ 오늘의 글을 소리 내어 읽어 보세요.

뜻 : 1, 3, 5, 7, 9로 끝나는 수.

- 우리 홀짝놀이 해볼까?
- 홀짝놀이가 뭐야?
- 내 주먹 속에 있는 바둑돌이 **홀수**인지 짝수인지를 알아맞히는 놀이야.
- 그래, 해보자! 네 주먹 속에 있는 바둑돌은 3개일 것 같아. 그래서 정답은 **홀수**!
- 땡! 정답은 4개야. **홀수**가 아니라 짝수야.

뜻 : 2, 4, 6, 8, 0으로 끝나는 수.

- 이번엔 역할을 바꿔 보자. 내 주먹 속에 있는 바둑돌이 홀수인지 **짝수**인지 맞혀 봐!
- 정답은 **짝수**! 6개 있을 것 같은데?
- 어, 어떻게 알았지? 한 번 더 하자.
- 이번에도 **짝수**! 이번엔 10개 있을 것 같은데?
- 어? 이번에도 정답이야. 너 정말 대단하다.

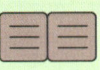

문제로 익히는 어 휘 도 전

★ 오늘의 학습어휘를 소리 내어 읽으며 따라 쓰세요.

❶ 1부터 시작해 둘씩 뛰어 세면 홀 수 가 나온다.

❷ 2부터 시작해 둘씩 뛰어 세면 짝 수 가 나온다.

❸ 두 개씩 묶어 보면 홀 수 인지 짝수인지를 알 수 있다.

❹ 두 개씩 짝이 지어지면 짝 수 다.

★ 빈칸에 들어갈 어휘를 보기에서 찾아 쓰세요.

| 보기 | 홀수, 짝수 |

☐☐ 는 두 개씩 짝을 지을 수 없다.

☐☐ 는 두 개씩 짝을 지을 수 있다.

★ 오늘 배운 어휘를 사용하여 한 문장 글쓰기를 해보세요.

예) 2, 4, 6, 8, 10은 짝수다.

심화 학습어휘

3~4학년에서는 홀수, 짝수와 느낌은 비슷하지만 뜻은 전혀 다른 '분수'와 '소수'를 배웁니다. 분수는 $\frac{1}{2}, \frac{2}{3}, \frac{3}{4}$ 이렇게 생겼어요. 소수는 0.1, 0.2, 0.3 이렇게 생겼고요. 두 가지 중 어떤 게 더 쉬워 보이나요?

오늘의 글쓰기는 어땠나요? 빈 칸에 색칠해 보세요.

 너무 어려웠어요!
 살짝 어려웠어요!
 제 수준에 맞았어요.
 너무 쉬웠어요.

81

새로운 어휘를 배우게 된 오늘은 ◯월 ◯일

지우개로 교과서의 길이를 재 볼까?

★ 오늘의 글을 소리 내어 읽어 보세요.

뜻 : cm, m 같은 길이를 수로 나타낼 때 쓰는 기준.

- 모두 오른손을 들고 손바닥을 쫙 펴 보세요. 엄지손가락에서 새끼손가락까지의 길이를 뭐라고 할까요?
- 한 뼘이라고 하는 거 맞죠?
- 맞아요. 한 뼘은 길이를 재는 **단위**입니다. 한 걸음이라는 **단위**도 있어요! 지우개나 자, 연필 같은 물건도 길이를 잴 때 사용하는 **단위**가 될 수 있어요.

뜻 : 한 쪽 끝에서 다른 한 쪽 끝까지의 사이.

- 이번엔 지우개를 이용해 교과서의 긴 쪽 **길이**를 재 볼까요?
- 지우개로 일곱 번 정도 되는 거 같아요.
- 그럼 이번에는 자로 재 볼까요?
- 26cm 정도 되는 거 같아요.
- 그럼 이번에는 짧은 쪽의 **길이**를 다른 단위를 이용해 재 볼까요?

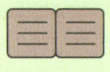

문제로 익히는 어휘도전

★ 오늘의 학습어휘를 소리 내어 읽으며 따라 쓰세요.

❶ 한 뼘의 길이 는 사람마다 다르다.

❷ 길이를 정확히 재려면 단위 가 필요하다.

❸ 세계의 많은 나라에서는 길이를 재는 단위 로 cm(센티미터)를 쓴다.

❹ 1cm가 100개 있는 길이 단위를 1m(일 미터)라고 한다.

★ 빈칸에 들어갈 어휘를 보기에서 찾아 쓰세요.

| 보기 | 단위, 길이 |

"한 뼘이라는 ☐☐로 책상의 길이를 재 볼까?"

"연필의 ☐☐는 어림해서 15cm 정도 될 것 같아."

★ 오늘 배운 어휘를 사용하여 한 문장 글쓰기를 해보세요.

예 내 키를 재려면 어떤 단위를 써야 할까?

심화 학습어휘

3~4학년에서는 cm보다 짧은 길이인 'mm(밀리미터)'를 배웁니다. mm라는 길이를 본 적 있나요? 1mm가 10개 있으면 1cm가 된다는 것도 알고 있나요? 사실을 확인하려면 필통 속에 들어 있는 자를 잘 살펴보세요.

 오늘의 글쓰기는 어땠나요? 빈 칸에 색칠해 보세요.

 너무 어려웠어요!   살짝 어려웠어요!  제 수준에 맞았어요.   너무 쉬웠어요.

83

새로운 어휘를 배우게 된 오늘은 ◯월 ◯일

10 블록을 색깔별로 분류해 볼까?

★ 오늘의 글을 소리 내어 읽어 보세요.

분류	🧑 은호야, 우리 반에 있는 블록을 **분류**해서 정리해 볼까? 🧑 어떻게 **분류**하는 게 좋을까? 🧑 큰 것과 작은 것으로 나눠 보는 게 어때? 🧑 그건 좀 애매한 거 같은데. 애매하게 큰 것도 있으니까. 🧑 그럼, 블록을 색깔별로 **분류**해 볼까?
뜻 : 비슷한 것끼리 종류별로 나누는 것.	
기준	🧑 그럼 색깔이 분류 **기준**이 되는 거네? 🧑 맞아. 크기보다 색깔이 더 분명한 **기준**이니까. 이 **기준**으로 분류해 놓으면 다음에 블록을 가지고 놀 때 쉽게 찾을 수 있겠지? 🧑 맞아, **기준**이 분명하니까! 🧑 그럼 이번에는 다른 **기준**으로 블록을 분류해 볼까? 미진이 네가 정해 볼래?
뜻 : 기본이 되는 것.	

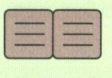

문제로 익히는 어휘도전

★ 오늘의 학습어휘를 소리 내어 읽으며 따라 쓰세요.

❶ 기준에 따라 종류별로 나누는 것을 　분　류　라고 한다.

❷ 모양, 색깔, 크기 등 　기　준　은 얼마든지 달라질 수 있다.

❸ 　분　류　 기준이 같으면 분류한 결과도 같다.

❹ 사람마다 다른 　기　준　으로 분류하면 결과도 달라진다.

★ 빈칸에 들어갈 어휘를 보기에서 찾아 쓰세요.

| 보기 | 분류, 기준 |

시영이는 색깔을 기준으로 사탕을 ☐☐ 했다.

민수는 동물의 다리 수를 ☐☐ 으로 동물을 분류했다.

★ 오늘 배운 어휘를 사용하여 한 문장 글쓰기를 해보세요.

 기준을 정해 블록을 정리할 수 있다.

심화 학습어휘

3~4학년에서는 기준에 따라 분류한 결과를 '그래프'에 나타내요. 조사한 내용을 그림으로 나타낸 '그림그래프'와 조사한 내용을 막대로 나타낸 '막대그래프' 등을 배우게 될 거예요.

 오늘의 글쓰기는 어땠나요? 빈 칸에 색칠해 보세요.

 너무 어려웠어요!
 살짝 어려웠어요!
 제 수준에 맞았어요.
 너무 쉬웠어요.

새로운 어휘를 배우게 된 오늘은 ◯월 ◯일

묶어 센다는 게 뭘까?

★ 오늘의 글을 소리 내어 읽어 보세요.

묶어 세기

뜻 : 수 세기를 할 때 몇 개씩 묶어 세는 방법.

- 두 번째 수 세기 시간이에요. 선생님이 수를 세어 볼 테니 어떤 방법인지 말해 볼래요?
- 네, 준비됐어요!
- 상자 속 도넛을 10개씩 묶어 세면 여섯 묶음이 되니까 도넛은 60개입니다.
- 묶어 센다고 말씀하셨으니 이 방법은 **묶어 세기**인가요?
- 정답이에요!

낱개와 더해 세기

뜻 : 수 세기를 할 때 묶어 센 것과 남은 낱개를 더해 세는 방법.

- 선생님, 궁금한 게 있어요. 묶어 세기를 해서 남는 게 생기면 어떻게 하나요?
- 10개씩 2묶음이 나왔는데, 남은 게 2개 정도 있다면 낱개와 더해서 세면 돼요.
- 묶어 세서 나온 수에 낱개를 더하는 거죠?
- 맞아요. 그럼 22개가 되죠. 이 방법을 **낱개와 더해 세기**라고 해요.

문제로 익히는 어휘도전

★ 오늘의 학습어휘를 소리 내어 읽으며 따라 쓰세요.

❶ "그림 속 초콜릿을 3개씩 묶어 세기 해볼까?"

❷ "만약 낱개가 남으면 묶어 센 것에 낱개를 더하는 낱개와 더해 세기 방법을 사용해 봐!"

❸ "여러 가지 방법으로 묶어 세기 를 해봐."

❹ "낱개와 더해 세기 를 해야 올바르게 수 세기를 할 수 있어!"

★ 빈칸에 들어갈 어휘를 보기에서 찾아 쓰세요.

보기 | 묶어 세기, 낱개와 더해 세기

그림 속 딸기를 ☐☐ ☐☐ 하면 모두 15개다.

"그림 속 사탕을 묶어 센 다음 ☐☐ ☐☐ 를 하면 13개입니다."

★ 오늘 배운 어휘를 사용하여 한 문장 글쓰기를 해보세요.

예 두 개, 세 개, 다섯 개씩 묶어 세기 할 수 있다.

 심화 학습어휘   2개씩 3묶음은 6입니다. 3개씩 2묶음도 6입니다. 같은 수도 어떻게 묶느냐에 따라 세는 방법이 달라집니다. 이렇게 묶어 세는 연습을 하는 것은 3~4학년에서 '곱셈'과 '나눗셈' 계산을 하는 데 도움이 됩니다.

 오늘의 글쓰기는 어땠나요? 빈 칸에 색칠해 보세요.

 너무 어려웠어요!   살짝 어려웠어요!    제 수준에 맞았어요.   너무 쉬웠어요.

87

새로운 어휘를 배우게 된 오늘은 ○월 ○일

12 1000원이 다섯 장 있으면 얼마일까?

★ 오늘의 글을 소리 내어 읽어 보세요.

천

뜻 : 999보다 1 큰 수. '1000'이라고 쓴다.

- 100원이 10개 있으면 얼마일까?
- 1000원이지!
- 수도 똑같아. 100이 10개 있는 걸 **1000**이라고 하는 거 알지? 읽는 건 '**천**'이라고 읽고.
- **1000**은 999보다 1이 큰 수, 990보다 10이 큰 수 맞죠?

네 자릿수

뜻 : 4321, 1234처럼 천의 자리, 백의 자리, 십의 자리, 일의 자리의 수가 있는 수.

- 이미 **네 자릿수**를 잘 알고 있는 거 같은데? 그럼 이번엔 조금 더 어려운 걸 물어볼게. 1000이 4개, 100이 3개, 10이 2개, 1이 1개 있는 수는 무엇일까?
- 그건 4321이지. 사천삼백이십일 맞지?
- 딩동댕! 정답이야. 이번엔 1234를 수모형으로 나타내 볼래?

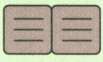

문제로 익히는 어휘도전

★ 오늘의 학습어휘를 소리 내어 읽으며 따라 쓰세요.

❶ 천 은 1000이 10개인 수다.

❷ 1000, 2000, 3000, 4000은 모두 네 자 릿 수 다.

❸ 천 원이 다섯 장 있으면 오천 원이다.

❹ 세 자릿수처럼 네 자 릿 수 의 크기를 비교할 때도 각 자리의 숫자를 비교한다.

★ 빈칸에 들어갈 어휘를 보기에서 찾아 쓰세요.

| 보기 | 천, 네 자릿수 |

1234의 [　] 의 자리 숫자 1은 1000을 나타낸다.

[　][　][　] 5231과 4678 중에서 더 큰 수는 5231이다.

★ 오늘 배운 어휘를 사용하여 한 문장 글쓰기를 해보세요.

 예) 1000원이 다섯 장 있으면 5000원이고, 네 자릿수다.

심화 학습어휘 3~4학년에서는 네 자릿수보다 훨씬 더 큰 수들을 배울 거예요. 다섯 자리, 여섯 자리 등. 돈을 이야기할 때 백만 원, 천만 원이라는 말을 들어봤죠? '억'이나 '조'도 들어봤나요? 3~4학년에서는 이런 수를 배우게 될 거예요!

 오늘의 글쓰기는 어땠나요? 빈 칸에 색칠해 보세요.

 너무 어려웠어요!
 살짝 어려웠어요!
 제 수준에 맞았어요.
 너무 쉬웠어요.

13 곱셈구구란 무엇일까?

새로운 어휘를 배우게 된 오늘은 ○월 ○일

★ 오늘의 글을 소리 내어 읽어 보세요.

곱셈

뜻 : 여러 개의 수를 곱하여 계산하는 것.

- 덧셈과 뺄셈을 배웠으니 오늘은 드디어 **곱셈**을 배울 차례네요. 예전에 배웠던 묶어 세기 기억하나요?
- 네, 선생님. 저는 2개, 3개로 묶어 셀 수 있어요.
- 2개씩 3묶음, 3개씩 3묶음은 **곱셈**으로 나타낼 수 있어요. 2×3, 3×3이에요. **곱셈**에서 사용하는 '×' 기호를 본 적 있나요?

곱셈구구

뜻 : 곱셈을 할 때 사용하는 공식, 1부터 9까지의 수의 곱.

2단 곱셈구구

×	1	2	3	4	5	6	7	8	9
2	2	4	6	8	10	12	14	16	18

+2 +2 +2 +2 +2 +2 +2 +2

5단 곱셈구구

×	1	2	3	4	5	6	7	8	9
5	5	10	15	20	25	30	35	40	45

+5 +5 +5 +5 +5 +5 +5 +5

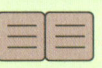

문제로 익히는
어 휘 도 전

★ 오늘의 학습어휘를 소리 내어 읽으며 따라 쓰세요.

❶ " 곱 셈 을 나타낼 때는 '×' 기호를 써서 2×10이라고 쓰면 돼!"

❷ " 곱 셈 구 구 에는 그 수만큼 커진다는 규칙이 있지!"

❸ "2+2+2=6은 2×3=6이라는 곱 셈 식으로 나타낼 수 있어."

❹ "4단 곱 셈 구 구 를 외워 볼게. 사 일은 사, 사 이 팔, 사 삼 십이……."

★ 빈칸에 들어갈 어휘를 보기에서 찾아 쓰세요.

| 보기 | 곱셈, 곱셈구구 |

"2와 3을 [ ][ ]한 결과는 2개씩 3묶음 한 것과 같구나."

"9단 [ ][ ][ ]를 배웠다면, 이번엔 1단을 배워 볼까?"

★ 오늘 배운 어휘를 사용하여 한 문장 글쓰기를 해보세요.

예) 곱셈을 잘하고 싶다면 2단 곱셈구구부터 연습하자.

심화 학습어휘 — 3~4학년에서는 곱셈구구를 이용하여 (두 자릿수)÷(한 자릿수), (세 자릿수)÷(두 자릿수)와 같은 계산을 배우게 됩니다. 어떤 수를 다른 수로 나누는 '나눗셈'이 어떤 것인지 궁금하지 않나요?

 오늘의 글쓰기는 어땠나요? 빈 칸에 색칠해 보세요.

 너무 어려웠어요!
 살짝 어려웠어요!
 제 수준에 맞았어요.
 너무 쉬웠어요.

새로운 어휘를 배우게 된 오늘은 ◯ 월 ◯ 일

1m짜리 막대 과자를 만들어 볼까?

14

★ 오늘의 글을 소리 내어 읽어 보세요.

뜻 : 1cm가 100개 있는 길이.
1m는 '일 미터'라고 읽는다.

- 초콜릿이 묻어 있는 막대과자 알죠? 오늘은 그 막대 과자를 만들어 볼게요. 대신 조건이 있습니다. **1m** 정도 되는 기다란 과자를 만드는 거예요.
- 1m가 뭐예요?
- 1m는 1cm를 100개 모은 길이와 같은 길이입니다.
- 우와, 그럼 제 어깨 정도 오는 길이겠네요!

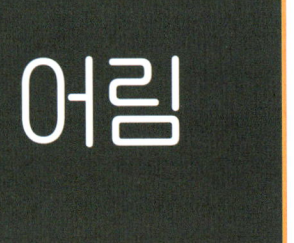

뜻 : 대강 짐작으로 얼마 정도 되는지
생각해 보는 것.

- 선생님! 만들어진 막대 과자가 정말 1m인지 **어림**으로 재 봐요! 1m가 안 될 수도 있으니까요.
- 어떤 기준으로 재 보면 좋을까요?
- 교과서의 긴 쪽으로 재요! 아니면 걸음으로 재 봐요! 제가 두 걸음 정도 가면 1m 정도 될 것 같아요.
- 좋아요. 여러분이 생각하는 여러 가지 방법으로 **어림**해 보세요.

문제로 익히는
어 휘 도 전

★ 오늘의 학습어휘를 소리 내어 읽으며 따라 쓰세요.

❶ 150cm는 1 m 50cm다.

❷ 어 림 해서 길이를 재면 정확하진 않다.

❸ 내 키는 122cm인데 1 m 22cm이기도 하다.

❹ "손, 팔처럼 내 몸에 있는 부분으로 칠판의 길이를 어 림 해 볼까?"

★ 빈칸에 들어갈 어휘를 보기에서 찾아 쓰세요.

| 보기 | 1m, 어림 |

"☐☐ 짜리 막대 과자는 얼마나 클까?"

"연필로 막대 과자의 길이를 ☐☐ 해 볼까?"

★ 오늘 배운 어휘를 사용하여 한 문장 글쓰기를 해보세요.

예) 예림이의 키를 어림하니 1m 20cm 정도 될 것 같다.

심화 학습어휘: 3~4학년에서는 m(미터)보다 긴 길이인 'km(킬로미터)'를 배웁니다. km라는 길이를 본 적 있나요? 1km는 1m가 1000개 모이거나 10m가 100개, 100m가 10개 모여야 만들어지는 길이입니다.

오늘의 글쓰기는 어땠나요? 빈 칸에 색칠해 보세요.

★ 너무 어려웠어요! ○ 살짝 어려웠어요! △ 제 수준에 맞았어요. □ 너무 쉬웠어요.

새로운 어휘를 배우게 된 오늘은 ○월 ○일

15 지금 시각이 몇 시야? 시간이 몇 시야?

★ 오늘의 글을 소리 내어 읽어 보세요.

뜻 : 시간의 어느 한 순간, 어느 한때.

- 시은아, 지금 **시각**이 어떻게 돼?
- 지금은 10시 55분이야. 곧 3교시 수업 시작하겠다.
- 11시 되기 5분 전이네. 어서 책 준비하자.
- 좋아. 그런데 점심**시각**은 몇 분이나 되는 거야?
- 이럴 땐 **시각**이 아니라 시간이라고 말해야 해!
- **시각**과 시간이 다른 거야?

뜻 : 시각에서 시각까지의 사이.

- 물론이지. **시간**은 시각에서 시각까지의 사이를 말하는 거야. 그러니까 점심시각이 아니라 점심**시간**이 몇 분이나 되냐고 묻는 게 올바른 표현이야.
- 시각과 **시간**을 잘 생각해서 써야겠네.
- 쉬는 시각 2분 남았네.
- 아이고, 시각이라니? '쉬는 **시간**'이라고 말해야지!

문제로 익히는 어휘도전

★ 오늘의 학습어휘를 소리 내어 읽으며 따라 쓰세요.

❶ 시각 은 흘러가는 시간 중 어느 한 순간을 가리키는 말이다.

❷ 한 시간 은 60분이다.

❸ "약속한 시각 에 맞춰 학교에 와야 해!"

❹ "애니메이션이 시작해서 끝나기까지 2 시간 정도 걸릴 거야."

★ 빈칸에 들어갈 어휘를 보기에서 찾아 쓰세요.

| 보기 | 시각, 시간 |

7시 50분과 8시 10분 전은

같은 ☐☐ 이야.

그림을 다 그리려면 두 ☐☐

정도 필요할 것 같아.

★ 오늘 배운 어휘를 사용하여 한 문장 글쓰기를 해보세요.

 시각과 시간을 올바르게 사용할 것이다.

 심화 학습어휘

1시간은 60분입니다. 그럼 1분보다 작은 단위가 있을까요? 3~4학년에서는 1분보다 작은 단위인 '초'에 대해 배울 거예요. 1분은 60초입니다. 주변에서 시계를 찾아 1분 동안 시곗바늘이 어떻게 움직이는지 살펴볼까요?

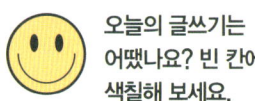 오늘의 글쓰기는 어땠나요? 빈 칸에 색칠해 보세요.

 너무 어려웠어요!
 살짝 어려웠어요!
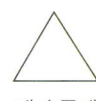 제 수준에 맞았어요.
 너무 쉬웠어요.

새로운 어휘를 배우게 된 오늘은 ○월 ○일

바닥 무늬에서 규칙을 찾아볼까?

★ 오늘의 글을 소리 내어 읽어 보세요.

뜻 : 벽이나 바닥에 있는 모양.

- 유라야, 우리 반 교실 바닥에 있는 **무늬**에서 규칙을 찾아볼까?
- 노란색 두 개마다 연두색이 한 개씩 있어.
- 정말이네! 그럼 이 포장지에서도 규칙을 찾아볼래?
- 포장지에는 귀여운 동물 캐릭터 **무늬**가 있잖아. 강아지, 고양이, 돼지 **무늬**가 반복되고 있네.

뜻 : 수나 모양이 바뀌는 법칙.

- 그럼 우리 생활의 다른 곳에서 **규칙**을 찾아 하나씩 말해 볼까?
- 곱셈구구를 외울 때도 **규칙**이 있지. 2단 곱셈구구에는 2씩 커지는 **규칙**이 있어.
- 이번엔 내 차례! 벽시계에 적힌 숫자는 1씩 커지는 **규칙**이 있어.
- 학교 승강기에 있는 숫자들도 1씩 커지는 **규칙**이 있잖아!

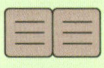

문제로 익히는
어 휘 도 젠

★ 오늘의 학습어휘를 소리 내어 읽으며 따라 쓰세요.

❶ "우리 집 바닥 □무□늬□에는 어떤 규칙이 있을까?"

❷ "□규□칙□에 알맞게 그림을 그려 볼까요?"

❸ 친구들의 가방이나 옷에서 □무□늬□를 찾아보자.

❹ 우리 반에는 남학생과 여학생이 반복되게 앉는 □규□칙□이 있다.

★ 빈칸에 들어갈 어휘를 보기에서 찾아 쓰세요.

| 보기 | 무늬, 규칙 |

"색종이를 삼각형, 사각형으로 오려 □□를 만들어 볼까?"

"대신 □□이 있게 무늬를 만들어야 해. 이렇게 말이야."

★ 오늘 배운 어휘를 사용하여 한 문장 글쓰기를 해보세요.

 내 가방에는 하얀색과 검은색 사각형 무늬가 반복되는 규칙이 있다.

심화 학습어휘

규칙은 무늬에서만 찾을 수 있는 게 아니에요. 3~4학년에서는 '계산식'에서 규칙을 찾게 됩니다. 계산식이란 1+1=2와 같은 덧셈식이나 4-2=2와 같은 뺄셈식을 말합니다. 물론 2×1=2와 같은 곱셈식도 계산식입니다. 선생님이 설명한 세 개의 계산식에서도 어떤 규칙이 보이지 않나요?

 오늘의 글쓰기는 어땠나요? 빈 칸에 색칠해 보세요.

 너무 어려웠어요!
 살짝 어려웠어요!
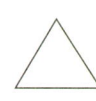 제 수준에 맞았어요.
 너무 쉬웠어요.

97

통합 교과에서 문해력 다지기

★ 셋째 마당에서 배울 학습어휘들 ★

- [ ] 01 청결, 소독
- [ ] 02 습관, 버릇
- [ ] 03 몸, 부분
- [ ] 04 가족, 관심
- [ ] 05 친척, 사촌
- [ ] 06 이웃, 이웃집
- [ ] 07 위험, 안전
- [ ] 08 존중, 배려
- [ ] 09 학교, 운동장
- [ ] 10 교실, 급식실
- [ ] 11 마을, 모습
- [ ] 12 시장, 백화점
- [ ] 13 국기, 태극기
- [ ] 14 전통, 문화
- [ ] 15 세계, 여행
- [ ] 16 우주, 별자리
- [ ] 17 하루, 변화
- [ ] 18 계절, 날씨
- [ ] 19 황사, 미세먼지
- [ ] 20 폭염, 장마
- [ ] 21 일교차, 맑다
- [ ] 22 함박눈, 얼음
- [ ] 23 과거, 미래
- [ ] 24 자연보호, 재활용

새로운 어휘를 배우게 된 오늘은 ◯월 ◯일

01 내 몸을 깨끗하게 하는 방법은 무엇일까?

★ 오늘의 글을 소리 내어 읽어 보세요.

뜻 : 맑고 깨끗함.

- 어제 간 식당에 '우리 가게는 **청결**한 식당입니다.'라는 글이 있었어요. '**청결**'이 무슨 뜻일까요?
- 식당이니까, 음식이 맛있다는 뜻일까요?
- 힌트를 줄게요. **청결**은 '맑고 깨끗하다'는 뜻이에요.
- 아하! 그렇다면 '**청결**한 식당'은 '깨끗한 식당'이라는 말이네요.

뜻 : 나쁜 균을 죽이는 것.

- 점심 먹기 전에 모두 손 **소독**을 해주세요.
- 선생님, 손 **소독**은 왜 하는 거예요?
- 손에 묻어 있는 나쁜 균을 없애기 위해서죠. 우리 눈에는 보이지 않지만, 나쁜 병균들이 손에 많이 묻어 있거든요.
- 그럼, 아기 젖병을 **소독**하는 것도 같은 이유인가요?
- 물론이죠.

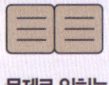

문제로 익히는 어 휘 도 젠

★ 오늘의 학습어휘를 소리 내어 읽으며 따라 쓰세요.

❶ 왜 몸을 청 결 하게 해야 할까?

❷ 우리 학교 급식실에서는 매일 그릇을 소 독 한다.

❸ 몸이 청 결 해야 병에 걸리지 않는다.

❹ 소 독 과 살균은 비슷한 말이다.

★ 빈칸에 들어갈 어휘를 보기에서 찾아 쓰세요.

| 보기 | 청결, 소독 |

"손 씻기는 ☐☐ 한 습관을 위해 꼭 필요해."

"다쳤을 때는 ☐☐ 약을 바르고, 연고를 발라야지."

★ 오늘 배운 어휘를 사용하여 한 문장 글쓰기를 해보세요.

(예) 학교에선 매일 손 소독을 한다.

심화 학습어휘 3~4학년에서는 아주 작은 생물인 '세균'에 대해 배울 거예요. 세균이 꼭 나쁘기만 한 건 아니에요. 세균을 이용해 음식을 만들기도 한답니다. 물론 사람들을 병에 걸리게 하는 세균도 있어요. 이런 세균은 소독해야겠죠?

오늘의 글쓰기는 어땠나요? 빈 칸에 색칠해 보세요.

☆ 너무 어려웠어요!
○ 살짝 어려웠어요!
△ 제 수준에 맞았어요.
☐ 너무 쉬웠어요.

새로운 어휘를 배우게 된 오늘은 ◯월 ◯일

어떻게 좋은 습관을 만들 수 있을까?

★ 오늘의 글을 소리 내어 읽어 보세요.

뜻 : 여러 번 해서 자동으로 하는 행동.

- 건호야, 우리 좋은 **습관** 말하기 놀이를 할까? 자기가 가진 좋은 **습관**을 하나씩 말하는 거야.
- 그래! 나는 편식하지 않는 **습관**이 있어.
- 나는 인사를 잘하는 **습관**이 있어.
- 나는 아침에 일어나서 물을 한 잔 마시는 **습관**이 있어.

뜻 : 여러 번 해서 몸에 익은 행동.

- 이번엔 나쁜 **버릇** 말하기 놀이를 해볼까? 고치고 싶은 나쁜 **버릇**을 하나씩 말하는 거야.
- 그래! 나는 늦잠 자는 **버릇**을 고치고 싶어.
- 나는 누나한테 반말하는 **버릇**을 고치고 싶어.
- 나는 이 안 닦고 잠드는 **버릇**을 고치고 싶어.

문제로 익히는 어 휘 도 젠

★ 오늘의 학습어휘를 소리 내어 읽으며 따라 쓰세요.

❶ 습관 과 버릇 은 비슷한 말이다.

❷ '세 살 버릇 여든까지 간다'라는 속담이 있다.

❸ 내가 가진 좋은 습관 은 손을 잘 씻는 것이다.

❹ 내가 가진 나쁜 버릇 은 다리를 떠는 것이다.

★ 빈칸에 들어갈 어휘를 보기에서 찾아 쓰세요.

| 보기 | 습관, 버릇 |

쉬는 시간에 다음 시간 교과서를 준비하는 ☐☐ 이 생겼다.

교과서에 낙서하는 나쁜 ☐☐ 은 고쳐야 한다.

★ 오늘 배운 어휘를 사용하여 한 문장 글쓰기를 해보세요.

 나에게는 어떤 좋은 습관이 있을까?

심화 학습어휘: 여러분은 다른 사람을 존중하며 말하나요? 바른말, 고운 말을 하는 것도 습관이에요. 3~4학년에서는 다른 사람들의 마음을 생각하며 말하는 '언어 예절'에 대해 배우게 될 거예요.

 오늘의 글쓰기는 어땠나요? 빈 칸에 색칠해 보세요.

 너무 어려웠어요!
 살짝 어려웠어요!
 제 수준에 맞았어요.
 너무 쉬웠어요.

새로운 어휘를 배우게 된 오늘은 ◯월 ◯일

03 내 몸에는 어떤 부분이 있을까?

★ 오늘의 글을 소리 내어 읽어 보세요.

뜻 : 사람의 신체.

- 우리 함께 **몸**의 부분을 알려 주는 노래를 불러 볼까요? 머리, 어깨, 무릎, 귀, 코, 입!
- 에이, 선생님. 그게 뭐예요. 그 노래는 그렇게 부르는 거 아닌데. 가사도 빠졌어요.
- 선생님이 빠뜨린 **몸**의 부분이 있나요?
- 발이 빠졌어요.

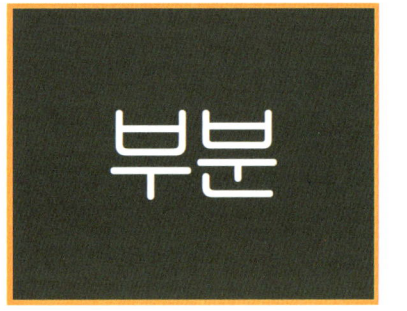

뜻 : 전체 중 작은 것.

- 선생님, 이번에는 제 몸에 있는 **부분**들을 말해 볼게요.
- 그럼 딱 다섯 가지만 먼저 말해 볼래요?
- 머리, 눈썹, 배, 손, 어깨가 있어요.
- 은호가 우리 몸에 있는 **부분**들의 이름을 잘 알고 있네요. 여러 **부분** 중에서 은호가 가장 좋아하는 **부분**은 어디예요?
- 반짝거리는 눈이요.

문제로 익히는
어 휘 도 전

★ 오늘의 학습어휘를 소리 내어 읽으며 따라 쓰세요.

❶ "음식을 골고루 먹어야 [몸] 이 튼튼해지지."

❷ "내가 좋아하는 얼굴 [부][분] 은 이마야."

❸ 내 [몸] 에 코가 있어 냄새를 맡을 수 있다.

❹ 우리 몸의 각 [부][분] 에는 저마다 하는 일이 있다.

★ 빈칸에 들어갈 어휘를 보기에서 찾아 쓰세요.

보기   몸, 부분

민찬이는 건강한 ☐ 을 만들기 위해 운동을 한다.

우리 몸에 입이라는 ☐☐ 이 있어 음식을 먹을 수 있다.

★ 오늘 배운 어휘를 사용하여 한 문장 글쓰기를 해보세요.

ⓔ 내 몸에서 가장 자신 있는 부분은 눈이다.

심화 학습어휘   우리 몸에 어떤 부분이 있는지 알아보았죠? 3~4학년에서는 동물들의 몸에 어떤 부분이 있는지, 어떤 기능을 하는지를 배우게 됩니다. '아가미'나 '지느러미'가 있는 동물은 어떤 동물일까요?

오늘의 글쓰기는 어땠나요? 빈 칸에 색칠해 보세요.

 너무 어려웠어요!   살짝 어려웠어요!   제 수준에 맞았어요.   너무 쉬웠어요.

새로운 어휘를 배우게 된 오늘은 ◯월 ◯일

우리 가족을 소개해 볼까?
04

★ 오늘의 글을 소리 내어 읽어 보세요.

- 민철아, 네 **가족** 사진 봐도 돼?
- 응, 물론이지. 지난주에 여행 가서 찍은 사진이야.
- 여기 너랑 같은 옷 입은 애는 누구야?
- 내 동생이야. 우리 **가족** 중에 제일 어려.
- 이번에는 우리 **가족** 사진 보여줄까?

뜻 : 결혼한 부부, 부모, 형제자매가 함께 사는 모임.

- 지난 일주일 동안 가족들이 집에서 무슨 일을 하는지 **관심**을 가지고 살펴보았나요? 어떤 사람이 먼저 말해 볼까요?
- 제가 발표할게요. 우리 아빠를 **관심**을 가지고 지켜보니, 운동하는 걸 좋아하셨어요. 엄마는 요리하는 걸 좋아하시고요. 우리 누나는 책을 자주 읽었습니다.

뜻 : 어떤 사람이나 일에 마음을 쓰는 것.

문제로 익히는
어 휘 도 전

★ 오늘의 학습어휘를 소리 내어 읽으며 따라 쓰세요.

❶ 우리 　가　족　 이 행복하려면 나는 무엇을 해야 할까?

❷ 가족에게 　관　심　 을 가져 보는 건 어떨까?

❸ 우리 　가　족　 의 특징을 말해 보자.

❹ 우리 가족은 음식 먹는 것에 　관　심　 이 많다.

★ 빈칸에 들어갈 어휘를 보기에서 찾아 쓰세요.

| 보기 | 가족, 관심 |

이번 주말, ☐☐ 과 함께 캠핑장에 간다.

우리 엄마는 나한테 ☐☐ 이 많다.

★ 오늘 배운 어휘를 사용하여 한 문장 글쓰기를 해보세요.

예) 나는 우리 가족에게 관심이 많다.

심화 학습어휘 3~4학년에서는 가족을 이루는 '가족 구성원'에 대해 배웁니다. 가족 구성원이란 가족을 구성하는 할아버지, 할머니, 아빠, 엄마 같은 사람들을 말합니다.

오늘의 글쓰기는 어땠나요? 빈 칸에 색칠해 보세요.

☆ 너무 어려웠어요!
○ 살짝 어려웠어요!
△ 제 수준에 맞았어요.
☐ 너무 쉬웠어요.

새로운 어휘를 배우게 된 오늘은 ◯월 ◯일

05 사촌은 나와 어떤 관계일까?

★ 오늘의 글을 소리 내어 읽어 보세요.

친척 뜻 : 아버지, 어머니의 형제들 또는 아버지, 어머니와 핏줄로 이어진 사람들.	👧 현석아, 설날에 **친척**께 세배했어? 👦 물론이지! 할아버지, 할머니, 큰아버지, 고모한테 세배하고 세뱃돈도 받았지! 👧 **친척**이 많구나. 그럼 혹시 다른 **친척**도 있어? 👦 응. 큰아버지의 아들과 딸이 있지. 👧 사촌들도 있구나. 👦 사촌이 무슨 말이야?
사촌 뜻 : 아버지, 어머니의 형제자매의 아들·딸들.	👧 **사촌**은 큰아버지나 작은 아버지, 고모, 외삼촌, 이모의 아들이나 딸을 부르는 말이야. 👦 **사촌** 동생이나 **사촌** 형을 말하는 거 맞지? 👧 맞아. 👦 나는 **사촌**이 엄청 많아. 이종**사촌**, 외종**사촌**, 친**사촌**, 고종**사촌**까지! 👧 세상에, 무슨 **사촌**이 그렇게 많아!

문제로 익히는 어휘도젠

★ 오늘의 학습어휘를 소리 내어 읽으며 따라 쓰세요.

❶ "오늘은 친 척 이 함께 모이는 날이야."

❷ "이번에 사 촌 동생도 오기로 해서 기대돼."

❸ " 친 척 들의 이름을 어떻게 불러야 하지? 고모? 이모?"

❹ "큰아버지의 아들을 사 촌 이라고 하는 거 맞지?"

★ 빈칸에 들어갈 어휘를 보기에서 찾아 쓰세요.

| 보기 | 친척, 사촌 |

설날에 모이는 삼촌, 사촌은 모두 나의 소중한 ☐☐ 이다.

나에게는 큰아버지의 아들인 ☐☐ 형이 두 명 있다.

★ 오늘 배운 어휘를 사용하여 한 문장 글쓰기를 해보세요.

예) 친척과 함께 공연장에 갔다.

심화 학습어휘

3~4학년에서는 '핵가족'과 '확대가족'이라는 가족의 종류를 배울 거예요. 확대가족은 친척들과 함께 사는 가족입니다. 핵가족은 친척 없이 우리 가족만 사는 가족이고요.

 오늘의 글쓰기는 어땠나요? 빈 칸에 색칠해 보세요.

 너무 어려웠어요!
 살짝 어려웠어요!
 제 수준에 맞았어요.
 너무 쉬웠어요.

06 좋은 이웃이 되는 방법은 뭘까?

새로운 어휘를 배우게 된 오늘은 ○월 ○일

★ 오늘의 글을 소리 내어 읽어 보세요.

이웃 뜻 : 우리 집 가까이에 사는 사람.	🧑 가은이 너는 엘리베이터에서 다른 층 **이웃**을 만나면 인사해? 👧 아니, 뭔가 쑥스럽고 창피해서 거울만 봐. 🧑 그렇구나. 나도 너랑 똑같았는데 요즘엔 인사하고 있어. **이웃**들과 친하게 지내고 싶어서. 👧 나도 내일부터 인사해 볼게.
이웃집 뜻 : 이웃이 사는 집.	👩 맛있는 김치전을 만들었으니, **이웃집**에 가져다 드릴까? 👧 좋아요. 맛있는 음식은 이웃과 나눠 먹는 게 좋으니까요. 제가 다녀올게요. 👩 그래. 그럼 앞집, 윗집, 아랫집까지 세 군데 **이웃집**에 잘 가져다 드리렴. 👧 네, **이웃집** 사람들과 나눠 먹으니 기분이 좋아요.

문제로 익히는 어휘도전

★ 오늘의 학습어휘를 소리 내어 읽으며 따라 쓰세요.

❶ 내 주변에서 어려운 | 이 | 웃 | 은 누가 있을까?

❷ | 이 | 웃 | 을 만나면 웃으며 인사한다.

❸ | 이 | 웃 | 집 | 과 사이좋게 지내는 방법은 뭘까?

★ 빈칸에 들어갈 어휘를 보기에서 찾아 쓰세요.

| 보기 | 이웃, 이웃집 |

놀이터에서 ☐☐ 혜인이를 만났다.

늦은 밤, ☐☐ 에서 피아노 소리가 들렸다.

★ 오늘 배운 어휘를 사용하여 한 문장 글쓰기를 해보세요.

예 맛있는 음식을 만들어 이웃과 나눠 먹고 싶다.

 심화 학습어휘

3~4학년에서는 나와 이웃이 모여 사는 지역을 말하는 '고장'이라는 어휘를 배웁니다. 이와 함께 우리 고장에서 유명한 장소, 유명한 문화유산들도 함께 배울 거예요.

 오늘의 글쓰기는 어땠나요? 빈 칸에 색칠해 보세요.

 너무 어려웠어요!
 살짝 어려웠어요!
 제 수준에 맞았어요.
 너무 쉬웠어요.

새로운 어휘를 배우게 된 오늘은 ○월 ○일

07 조심해! 안전하게 길을 건너 볼까?

★ 오늘의 글을 소리 내어 읽어 보세요.

위험

뜻 : 다치거나 나쁜 일, 힘든 일이 생기는 것.

- 민준아, 우리 미끄럼틀 위에서 뛰어 볼까?
- 안 돼! 그건 너무 **위험**한 행동이야. 다칠 수 있어.
- 맞아, 그럴 수도 있겠네. 그럼 그네 탈까?
- 좋아. 대신 너무 높이 올라가진 말자. 그네도 **위험**할 수 있으니까.

안전

뜻 : 위험한 일이 안 생기는 것, 편안한 상태.

- 길을 건널 때 어떻게 건너야 **안전**할까?
- 신호등을 잘 보고 건너야 하지 않을까?
- 맞아. 길을 건널 때는 휴대전화를 보거나 책을 읽어도 안 돼. 차가 오는지를 살펴보고 건너야 **안전**해.
- 녹색불이 됐다고 해서 바로 달리는 것도 안 돼. **안전**하려면 왼쪽, 오른쪽을 살핀 뒤 건너야 해.

문제로 익히는 어 휘 도 전!

★ 오늘의 학습어휘를 소리 내어 읽으며 따라 쓰세요.

❶ " 위 험 한 일이 생겼을 땐 주변 어른을 찾아요."

❷ "놀이터와 운동장에서 안 전 하게 놀아요."

❸ "높은 곳에서 뛰는 위 험 한 행동은 하지 않아요."

❹ "초록불로 바뀌면 길의 오른쪽, 왼쪽을 살핀 뒤 안 전 하게 길을 건너요."

★ 빈칸에 들어갈 어휘를 보기에서 찾아 쓰세요.

| 보기 | 위험, 안전 |

"미끄러운 곳은 ☐☐해요. 조심히 걸어야 해요."

"신호등을 잘 보고 ☐☐하게 길을 건너요."

★ 오늘 배운 어휘를 사용하여 한 문장 글쓰기를 해보세요.

 놀이터에선 안전하게 놀아야 한다.

 심화 학습어휘   버스 탈 때, 차 탈 때 안전을 위해 지켜야 하는 일들이 있습니다. 안전벨트를 하는 것도 그중 하나죠. 버스나 차를 가리켜 '교통수단'이라고 합니다. 3~4학년에서는 사람이 이동할 때 사용하는 교통수단에 대해 배울 거예요.

 오늘의 글쓰기는 어땠나요? 빈 칸에 색칠해 보세요.

 너무 어려웠어요!   살짝 어려웠어요!   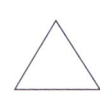 제 수준에 맞았어요.   너무 쉬웠어요.

새로운 어휘를 배우게 된 오늘은 ◯월 ◯일

08 친구를 어떻게 대해야 할까?

★ 오늘의 글을 소리 내어 읽어 보세요.

존중	야, 땅꼬마! 오늘 학교에 일찍 왔네? 땅꼬마라고 부르지 마. 키 작다고 놀리는 거라 기분이 별로야. 나를 **존중**해주면 좋겠어. 싫은데? 계속 놀릴 건데? 너를 돼지라고 부르면 좋겠니? 난 너를 **존중**하니깐 놀리지 않는 거야. 나도 **존중**해 줘.
뜻 : 다른 사람을 높이 대하는 것, 귀중하게 대하는 것.	
배려	어떻게 하면 친구를 **배려**해 줄 수 있을까요? 친구의 이야기를 잘 들어주는 거 아닐까요? 맞아요. 그리고 친구에게 관심을 보이는 거예요. 친구의 기분이 어떤지, 표정은 어떤지 살펴보는 거죠. 저는 친구가 저를 보고 웃으면 **배려** 받는 기분이 들어요. 그래서 저도 친구를 보면 자주 웃으려고 해요.
뜻 : 다른 사람을 돕기 위해 마음을 쓰는 것.	

문제로 익히는 어휘도전

★ 오늘의 학습어휘를 소리 내어 읽으며 따라 쓰세요.

❶ "친구들을 존 중 해 주세요."

❷ 친구를 배 려 하려고 길을 비켜 줬다.

❸ "다른 사람의 의견을 존 중 해야 해요."

❹ 우리 반 선생님은 우리를 배 려 해 주신다.

★ 빈칸에 들어갈 어휘를 보기에서 찾아 쓰세요.

| 보기 | 존중, 배려 |

내가 친구를 ☐☐ 하면 친구도 나를 존중한다.

재열이는 친구를 ☐☐ 해서 자리를 양보했다.

★ 오늘 배운 어휘를 사용하여 한 문장 글쓰기를 해보세요.

 예 앞으로는 친구들을 존중해야겠다.

심화 학습어휘

어른들과 이야기를 나눌 때 우리는 '높임법'을 사용합니다. 그 사람을 높여서 말하는 것이죠. 높임법에는 어른을 존중하는 마음이 들어 있습니다. "~하셨어요?", "~드세요.", "축하드려요."처럼 어른들에게 높임법을 사용해 말해 보세요.

 오늘의 글쓰기는 어땠나요? 빈 칸에 색칠해 보세요.

 너무 어려웠어요!
 살짝 어려웠어요!
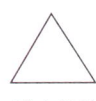 제 수준에 맞았어요.
 너무 쉬웠어요.

115

새로운 어휘를 배우게 된 오늘은 ◯월 ◯일

09 학교에 가면 뭘 할까?

★ 오늘의 글을 소리 내어 읽어 보세요.

뜻 : 선생님과 학생이 무언가를 배우는 교육기관.

- 초등**학교**의 수업 시간은 40분이야. 그래서 이 시간 동안 자리에 앉아서 공부할 수 있어야 해.
- 엄마, 어떻게 그렇게 오랫동안 앉아 있어요?
- 오늘부터 10분씩 연습해 보자.
- 또 **학교** 가기 전에 연습해야 할 게 있어요?
- 자기 물건 잘 챙기는 연습? 다른 친구의 물건과 섞이지 않게 내 물건을 잘 챙겨야지!

뜻 : 운동할 수 있는 장소.

- 우리 학교 끝나고 **운동장**에서 놀까?
- 좋아, 그런데 무엇을 하고 놀지?
- **운동장**에 놀이기구가 많이 있잖아. 미끄럼틀도 있고 시소, 그네, 정글짐, 철봉도 있으니까.
- 진짜 많구나. 그럼 우리 둘만 노는 거야?
- 우리 반 친구들에게 같이 놀자고 물어볼까?

문제로 익히는 어휘도전

★ 오늘의 학습어휘를 소리 내어 읽으며 따라 쓰세요.

❶ " 학 교 에 가서 가장 먼저 하는 일이 뭐야?"

❷ "학교 끝나고 운 동 장 에서 뭘 하고 놀까?"

❸ " 학 교 에서 지켜야 하는 규칙이 뭘까?"

❹ 우리 학교 운 동 장 에는 놀이기구가 많다.

★ 빈칸에 들어갈 어휘를 보기에서 찾아 쓰세요.

| 보기 | 학교, 운동장 |

우리 [　][　] 가는 길에 도서관이 있다.

우리 학교 [　][　] 에는 미끄럼틀이 있다.

★ 오늘 배운 어휘를 사용하여 한 문장 글쓰기를 해보세요.

 예 학교 끝나고 친구들과 운동장에서 놀았다.

심화 학습어휘 3~4학년에서는 옛날과 오늘날의 달라진 학교 모습을 배우게 됩니다. '국민학교'라는 이름을 들어봤나요? 지금의 초등학교를 부르던 이름입니다. 부모님들은 초등학교가 아니라 국민학교를 졸업하셨을 거예요.

 오늘의 글쓰기는 어땠나요? 빈 칸에 색칠해 보세요.

 너무 어려웠어요!  살짝 어려웠어요!  제 수준에 맞았어요. 너무 쉬웠어요.

우리 학교에는 어떤 교실이 있을까?

새로운 어휘를 배우게 된 오늘은 ◯월 ◯일

★ 오늘의 글을 소리 내어 읽어 보세요.

뜻 : 학교에서 공부하는 방.

- 그동안 **교실**에만 있었죠? 오늘은 우리 학교에 어떤 **교실**이 있는지 학교 안을 둘러볼까요?
- 우와! 재밌겠다. 방과 후 **교실**도 가나요?
- 학교 전체를 둘러보며 어떤 **교실**이 있는지 볼 거예요.
- 급식실도 가요? 보건실도 가요?

뜻 : 점심 급식을 먹는 교실.

- 우리 학교에 있는 교실 중에 내가 제일 좋아하는 곳이 어딘지 맞혀 볼래?
- 음, 과학실?
- 땡! 틀렸어. 정답은 **급식실**이야.
- 사실 알고 있었어. 넌 **급식실** 갈 때 기분이 제일 좋으니까. 오늘은 어떤 맛있는 음식이 나올까?

문제로 익히는 어휘도전

★ 오늘의 학습어휘를 소리 내어 읽으며 따라 쓰세요.

① 우리는 매일 아침 교 실 에 간다.

② 급식을 먹기 위해 급 식 실 에 갔다.

③ "우리 반 친구들과 함께 쓰는 교 실 을 소중하게 생각해줘!"

④ " 급 식 실 에선 뛰지 말고 걸어 다녀야 해."

★ 빈칸에 들어갈 어휘를 보기에서 찾아 쓰세요.

| 보기 | 교실, 급식실 |

학교 안에는 여러 가지 ☐☐이 있어.

우리 학교 ☐☐☐에서 먹는 점심은 정말 맛있다.

★ 오늘 배운 어휘를 사용하여 한 문장 글쓰기를 해보세요.

 내가 가장 좋아하는 교실은 급식실이다.

 심화 학습어휘 — 학교에 있는 특별한 교실인 과학실! 3~4학년에는 과학실에서 실험을 합니다. '자석'을 이용한 실험, '나침반'을 이용한 실험 등 다양한 실험을 하게 되죠. 여러분이 과학실에서 해보고 싶은 실험은 무엇인가요?

 오늘의 글쓰기는 어땠나요? 빈 칸에 색칠해 보세요.

 너무 어려웠어요!
 살짝 어려웠어요!
 제 수준에 맞았어요.
 너무 쉬웠어요.

새로운 어휘를 배우게 된 오늘은 ◯월 ◯일

우리 마을엔 무엇이 있을까?

★ 오늘의 글을 소리 내어 읽어 보세요.

뜻 : 여러 사람이 모여 사는 곳.
'동네'와 비슷한 말.

- 👩 현지야, '우리 **마을**'이라는 말을 들으면 어떤 게 떠올라?
- 👦 우리 집 주변에 있는 건물들이 생각나는데? 주민 센터나 우체국, 가게 같은 곳!
- 👩 맞아. 그러면 우리 학교도 생각나겠네?
- 👦 물론이지. 옆에 있는 중학교도 생각나. 우리 **마을**엔 또 무엇이 있을까?

뜻 : 사람과 사물이 생긴 모양.

- 👦 선생님께서는 어렸을 때 어떤 마을에 사셨어요?
- 👨 선생님은 작은 산골 마을에 살았어요.
- 👦 정말요? 산골 마을은 어떤 **모습**인데요?
- 👨 산에 둘러싸여 있고, 물이 흐르는 계곡도 있고, 산짐승들도 많았어요.
- 👦 산짐승이 뭐예요?
- 👨 산에 사는 짐승이에요. 멧돼지나 곰 같은 동물이죠.

문제로 익히는 어 휘 도 전

★ 오늘의 학습어휘를 소리 내어 읽으며 따라 쓰세요.

❶ "우리 마 을 에는 도서관과 우체국이 있어."

❷ "우리 동네의 모 습 을 지도에 나타내 볼까?"

❸ "우리 마 을 을 탐험하며 마을 사람들을 만나 볼까?"

❹ "우리 마을을 탐험할 때 마을의 모 습 을 사진으로 찍어 와야 해!"

★ 빈칸에 들어갈 어휘를 보기에서 찾아 쓰세요.

| 보기 | 마을, 모습 |

우리 [마을] 에는 산책하기 좋은 공원이 있어.

선생님이 준비해 주신 지도에 우리 마을의 [모습] 을 나타내 봐!

★ 오늘 배운 어휘를 사용하여 한 문장 글쓰기를 해보세요.

예) 친구들과 우리 마을의 모습을 탐험해 보자.

심화 학습어휘

내가 사는 마을의 모습을 지도로 나타낼 때 '디지털 영상 지도'를 이용하면 편리합니다. 디지털 영상 지도는 인공위성에서 찍은 사진을 지도에 나타낸 것입니다. 3~4학년에서 조금 더 자세하게 배울 거예요!

오늘의 글쓰기는 어땠나요? 빈 칸에 색칠해 보세요.

 너무 어려웠어요!
 살짝 어려웠어요!
 제 수준에 맞았어요.
 너무 쉬웠어요.

12. 시장, 마트, 백화점은 뭐가 다를까?

새로운 어휘를 배우게 된 오늘은 ○월 ○일

★ 오늘의 글을 소리 내어 읽어 보세요.

시장

뜻 : 물건을 사고파는 곳.

- 우리 이번 토요일에 **시장**에 가 볼까?
- 좋아요. 그런데 우리 집 주변에 **시장**이 있어요?
- 물론이지. 마트도 백화점도 쇼핑몰도 다 **시장**이니까.
- 저는 전통**시장**만 **시장**인 줄 알았어요.
- 그랬구나. **시장**이라는 단어는 여러 곳에 사용된단다.

백화점

뜻 : 여러 가지 물건을 종류별로 진열하고 파는 큰 상점.

- **백화점**에 가면 기분이 좋아. 내가 사고 싶은 걸 다 팔거든.
- 네가 사고 싶은 게 뭔데?
- 장난감, 인형, 운동화. 이런 물건들?
- 그런 물건들은 마트에도 있는 거 아니야?
- 아니야. 마트에 없는 물건들도 **백화점**에는 다 있어. 마트엔 먹을 게 많지만, **백화점**엔 다른 것도 많던데?

문제로 익히는 어휘도전

★ 오늘의 학습어휘를 소리 내어 읽으며 따라 쓰세요.

❶ 시 장 은 물건을 사고파는 곳을 말한다.

❷ 백 화 점 , 마트, 쇼핑몰 모두 시장이다.

❸ 시 장 에는 물건을 사는 사람과 물건을 파는 사람이 있다.

❹ 백 화 점 은 층마다 파는 물건이 조금씩 다르다.

★ 빈칸에 들어갈 어휘를 보기에서 찾아 쓰세요.

| 보기 | 시장, 백화점 |

☐☐ 에서 추석 때 먹을 과일을 샀다.

☐☐☐ 에서는 여러 가지 종류의 물건을 살 수 있다.

★ 오늘 배운 어휘를 사용하여 한 문장 글쓰기를 해보세요.

 마트와 백화점은 모두 시장이다.

심화 학습어휘: 시장에서 파는 딸기를 키우는 사람을 '생산자'라고 합니다. 딸기를 사는 사람을 '소비자'라고 하고요. 3~4학년에서는 물건을 키우거나 만드는 '생산', 돈이나 시간을 사용하는 '소비'에 대해 배울 거예요.

오늘의 글쓰기는 어땠나요? 빈 칸에 색칠해 보세요.

  너무 어려웠어요! 살짝 어려웠어요!  제 수준에 맞았어요. 너무 쉬웠어요.

13. 우리나라 국기는 어떻게 생겼을까?

새로운 어휘를 배우게 된 오늘은 ◯월 ◯일

★ 오늘의 글을 소리 내어 읽어 보세요.

뜻 : 나라를 나타내는 깃발.

- 우리나라의 **국기**를 뭐라고 부르는지 알고 있나요?
- 물론이죠. 태극기라고 부르잖아요.
- 맞아요. 나라마다 **국기**가 있어요. 우리나라의 **국기**를 부르는 이름이 태극기고요. 다른 나라의 **국기**를 본 적 있나요?
- 네, 축구 게임할 때 프랑스, 스페인, 아르헨티나의 **국기**를 본 적 있어요.

뜻 : 우리나라의 국기.

- **태극기**는 어떻게 생겼나요?
- 가운데에 태극 문양이 있고, 바탕색은 흰색이에요.
- 다른 건 없나요?
- 4개의 귀퉁이에 서로 다른 검은 줄이 있던데, 뭐라고 부르더라?
- 건, 곤, 감, 리. 4개의 괘를 말해요.
- 맞아요. 선생님, **태극기**를 한번 보여 주실 수 있나요?

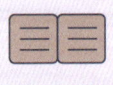

문제로 익히는 어 휘 도 전

★ 오늘의 학습어휘를 소리 내어 읽으며 따라 쓰세요.

❶ "우리나라의 〔국〕〔기〕가 뭔지 알고 있니?"

❷ 〔태〕〔극〕〔기〕는 국경일에 단다.

❸ "우리나라 〔국〕〔기〕를 안 보고 그릴 수 있어?"

❹ 〔태〕〔극〕〔기〕의 흰색 바탕은 밝음과 순수를 나타낸다.

★ 빈칸에 들어갈 어휘를 보기에서 찾아 쓰세요.

| 보기 | 국기, 태극기 |

한글날을 기념하기 위해 ☐☐ 를 달았다.

☐☐☐ 의 가운데에는 태극 문양이 있다.

★ 오늘 배운 어휘를 사용하여 한 문장 글쓰기를 해보세요.

예) 나는 우리나라 국기인 태극기가 좋다.

심화 학습어휘: 나라를 나타내는 국기가 있다면 나라의 땅을 나타내는 '국토'도 있습니다. 3~4학년에서는 우리나라의 땅에 대해 배우게 됩니다. 우리나라와 관련된 단어에는 '국(國)'이라는 한자가 들어간다는 걸 기억해 주세요.

오늘의 글쓰기는 어땠나요? 빈 칸에 색칠해 보세요.

 너무 어려웠어요!
 살짝 어려웠어요!
 제 수준에 맞았어요.
 너무 쉬웠어요.

새로운 어휘를 배우게 된 오늘은 ◯월 ◯일

14 우리나라의 전통문화를 알아볼까?

★ 오늘의 글을 소리 내어 읽어 보세요.

전통

뜻 : 옛날부터 전해져 내려오는 것.

- 🧒 은서야, 내가 퀴즈 낼게 맞혀 볼래?
- 👧 좋아!
- 🧒 한복, 삼계탕, 초가집. 이 셋의 공통점은?
- 👧 음……. 우리나라의 **전통**과 관련된 것 아냐?
- 🧒 딩동댕! 맞혔어.

문화

뜻 : 옷, 음식, 집, 명절, 언어 등 사람들 사이에서 전달되는 삶을 사는 방식.

- 👨‍🏫 설날에 웃어른에게 세배하는 것은 우리나라의 대표적인 전통**문화**입니다. 여러분이 알고 있는 다른 **문화**를 이야기해 볼까요?
- 👧 선생님! 설날에 떡국 먹는 것도 **문화**인가요?
- 👨‍🏫 네, 맞아요. 추석에 송편을 먹는 것, 보름달을 보며 소원을 비는 것도 **문화**입니다.

문제로 익히는 어 휘 도 전

★ 오늘의 학습어휘를 소리 내어 읽으며 따라 쓰세요.

❶ 한복에는 우리나라의 [전][통] 이 들어 있다.

❷ 우리나라와 서양의 [문][화] 는 다르다.

❸ 온돌에서 잠을 자는 것은 우리나라의 [전][통] 중 하나다.

❹ 우리나라와 다른 나라의 음식이 다른 이유는 [문][화] 가 달라서다.

★ 빈칸에 들어갈 어휘를 보기에서 찾아 쓰세요.

| 보기 | 전통, 문화 |

명절에 한복을 입는 건 우리나라의 ☐☐ 문화다.

우리의 ☐☐를 알기 위해 초가집을 찾아봤다.

★ 오늘 배운 어휘를 사용하여 한 문장 글쓰기를 해보세요.

예) 미술 시간에 전통 무늬를 색칠했다.

심화 학습어휘

사람이 생활하는 데 기본적으로 필요한 세 가지는 무엇일까요? 옷, 음식, 집입니다. 문화와 비슷하죠? 3~4학년에서는 이 세 가지를 가리키는 말인 '의식주'라는 단어를 배울 거예요.

 오늘의 글쓰기는 어땠나요? 빈 칸에 색칠해 보세요.

 너무 어려웠어요!
 살짝 어려웠어요!
 제 수준에 맞았어요.
 너무 쉬웠어요.

새로운 어휘를 배우게 된 오늘은 ◯월 ◯일

다른 나라로 여행을 가 볼까?

15

★ 오늘의 글을 소리 내어 읽어 보세요.

뜻 : 지구에 있는 모든 나라.

- 이번 겨울방학에 다른 나라로 **세계** 여행을 떠나 볼까?
- 진짜요? 어떤 나라로 가 볼까요?
- 파스타로 유명한 이탈리아? 카레로 유명한 인도?
- 에펠탑 보러 프랑스로 가면 안 돼요?
- 집이 특이한 몽골은 어때? **세계**에는 가보고 싶은 곳이 참 많구나.

뜻 : 다른 장소나 나라를 구경하러 가는 것.

- 수진아, 너는 **여행** 가는 거 좋아해?
- 물론이지. **여행** 가면 재밌는 일이 많이 생기잖아. 맛있는 음식도 먹고, 못 보던 곳도 구경하고, 집이 아닌 곳에서 잠도 자고!
- 그렇구나. 나도 좋아해. 다른 나라로 **여행** 가면 그 나라 사람들의 생활 모습을 볼 수 있어 재밌거든.

문제로 익히는 어 휘 도 전

★ 오늘의 학습어휘를 소리 내어 읽으며 따라 쓰세요.

❶ 　세　계　에는 무수히 많은 나라가 있다.

❷ "다른 나라 중에서 　여　행　 가고 싶은 나라가 어디야?"

❸ "　세　계　에서 사람이 가장 많이 사는 나라는 중국과 인도야."

❹ "가족들과 　여　행　 가서 다른 나라의 음식을 먹어 보고 싶어."

★ 빈칸에 들어갈 어휘를 보기에서 찾아 쓰세요.

| 보기 | 세계, 여행 |

"나는 어른이 되면 [세계]를 여행하는 여행가가 될 거야!"

"내가 [여행]을 좋아하는 이유는 맛있는 음식을 먹을 수 있어서야."

★ 오늘 배운 어휘를 사용하여 한 문장 글쓰기를 해보세요.

예) 나는 어른이 되면 세계 여행을 갈 것이다.

심화 학습어휘: 다른 나라로 여행 가게 되면 그 나라의 문화를 알게 됩니다. 이와 함께 그 나라의 '문화유산'도 보게 될 거예요. 3~4학년에서 배우는 문화유산은 조상들이 남겨 준 건축물이나 공연 같은 걸 말합니다.

오늘의 글쓰기는 어땠나요? 빈 칸에 색칠해 보세요.

- ☆ 너무 어려웠어요!
- ○ 살짝 어려웠어요!
- △ 제 수준에 맞았어요.
- □ 너무 쉬웠어요.

새로운 어휘를 배우게 된 오늘은 ◯월 ◯일

16 우주를 탐험해 볼까?

★ 오늘의 글을 소리 내어 읽어 보세요.

뜻 : 별이 끝도 없이 넓게 있는 곳. 지구도 우주 속에 있다.

- 주말에 아빠 엄마랑 영화를 봤다!
- 어떤 영화인데?
- 동물들이 **우주**선을 타고 **우주** 탐험을 떠나는 내용이야.
- 사람이 아니라 동물들이 **우주**에 간다고? 재밌었겠네. 그럼 동물들이 지구를 떠나서 달이나 화성에 가는 거야?

뜻 : 하늘에 있는 별들을 묶어 동물이나 물건의 이름을 붙인 것.

- 저기 하늘 좀 봐!
- 왜? 하늘에 뭐가 있는데?
- 내 손가락이랑 별을 같이 잘 봐. 이렇게, 이렇게 연결하면……, 이게 바로 내 **별자리**인 사자자리야.
- 별에도 자리가 있어?
- 물론이지. **별자리**마다 이름도 있고, 이야기도 있어. 넌 생일이 언제야? 내가 네 **별자리**를 찾아 줄게.

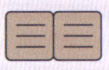

문제로 익히는 어 휘 도 전

★ 오늘의 학습어휘를 소리 내어 읽으며 따라 쓰세요.

❶ [우][주] 를 구경하기 위해 지구에서 우주선을 보냈다.

❷ "내가 좋아하는 [별][자][리] 는 독수리자리야."

❸ [우][주] 는 끝없이 넓은 곳이다.

❹ "[별][자][리] 마다 재밌는 이야기가 있다는 거 알고 있니?"

★ 빈칸에 들어갈 어휘를 보기에서 찾아 쓰세요.

| 보기 | 우주, 별자리 |

에는 무수히 많은 별이 있다.

준기는 밤하늘에서 를 찾고 있다.

★ 오늘 배운 어휘를 사용하여 한 문장 글쓰기를 해보세요.

예) 내 생일은 어떤 별자리인지 찾아봐야겠다.

심화 학습어휘: 3~4학년에서는 '지구'와 '달'이라는 어휘를 배웁니다. 둘 다 우주에 속하죠. 지구는 우리가 살고 있는 공 모양의 '행성'입니다. 달은 지구 주변을 도는 공 모양의 물질이고요. 행성이라는 말이 궁금하지 않나요?

 오늘의 글쓰기는 어땠나요? 빈 칸에 색칠해 보세요.

 너무 어려웠어요!   살짝 어려웠어요!   제 수준에 맞았어요.   너무 쉬웠어요.

17 하루 동안 내 몸무게는 어떻게 변할까?

새로운 어휘를 배우게 된 오늘은 ◯월 ◯일

★ 오늘의 글을 소리 내어 읽어 보세요.

뜻 : 아침부터 저녁, 0시부터 24시까지를 가리키는 말.

- 여러분의 몸무게는 **하루** 동안 어떻게 변할까요? 아침이 제일 가벼울까요, 저녁이 제일 가벼울까요?
- **하루** 중에서 제일 가벼운 때는 모르지만, 무거운 때는 알 수 있어요.
- 그게 언제인데요?
- 밥을 많이 먹은 다음, 물을 많이 마신 다음이요!

뜻 : 바뀌어서 달라지는 것.

- 그럼, 내일은 한 시간에 한 번씩 몸무게를 재 보며 몸무게가 어떻게 **변화**하는지 알아볼까요?
- 운동을 많이 하면 몸무게가 줄어들까요?
- 그건 선생님도 궁금한데요? 사실 몸무게가 어떻게 **변화**하는지는 선생님도 처음 실험해보는 거라서.
- 그럼 제가 한 시간에 한 번씩 몸무게를 재고, 어떻게 **변화**하는지 오늘부터 실험해 볼게요.

문제로 익히는 어휘도전

★ 오늘의 학습어휘를 소리 내어 읽으며 따라 쓰세요.

❶ 하 루 는 24시간이다.

❷ 24시간 동안 내 몸무게는 어떻게 변 화 할까?

❸ 하 루 종일 같은 몸무게일까? 잠잘 때는 가벼워질까?

❹ 어떤 행동을 하면 내 몸무게에 변 화 가 생길까?

★ 빈칸에 들어갈 어휘를 보기에서 찾아 쓰세요.

보기: 하루, 변화

나는 ☐☐에 한 번씩 몸무게를 잰다.

내 몸무게가 어떻게 ☐☐하는지 공책에 썼다.

★ 오늘 배운 어휘를 사용하여 한 문장 글쓰기를 해보세요.

예) 하루 동안 내 마음은 어떻게 변화할까?

심화 학습어휘

아침부터 저녁까지를 하루라고 합니다. 그럼 태어나서 자손을 남기고 죽을 때까지는 뭐라고 부를까요? '한살이'라고 합니다. 3~4학년에서는 여러 가지 식물과 곤충의 한살이에 대해 배울 거예요.

 오늘의 글쓰기는 어땠나요? 빈 칸에 색칠해 보세요.

 너무 어려웠어요!
 살짝 어려웠어요!
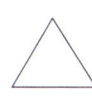 제 수준에 맞았어요.
 너무 쉬웠어요.

한 해 동안 계절은 어떻게 변할까?

새로운 어휘를 배우게 된 오늘은 ○월 ○일

★ 오늘의 글을 소리 내어 읽어 보세요.

계절
뜻 : 계속해서 반복되는 자연현상. 우리나라에는 네 개의 계절, 즉 봄, 여름, 가을, 겨울이 있다.

- 가을은 독서의 **계절**이에요.
- 그럼, 겨울은 무슨 **계절**이에요?
- 겨울은…… 눈싸움의 **계절**이죠!
- 그럼 봄은요?
- 봄은 딸기의 **계절**? 여름도 물어볼 건가요?
- 아뇨. 여름은 제가 말할게요. 여름은 팥빙수의 **계절**!

날씨
뜻 : 매일매일 구름, 비, 바람, 기온 등의 변화에 따른 대기의 상태.

- 계절마다 **날씨**도 달라져요. 여름에는 엄청 더운데, 겨울에는 엄청 추워요.
- 맞아요. 여름 **날씨**는 더웠다가, 비가 왔다가, 다시 해가 뜨잖아요.
- 그래서 선생님은 봄이나 가을 같은 계절을 좋아해요. 너무 덥지도 않고 춥지도 않으니까.
- 가을이 지나면 겨울이 오는 거죠?

문제로 익히는 어휘도전

★ 오늘의 학습어휘를 소리 내어 읽으며 따라 쓰세요.

1. 겨울은 동물들이 겨울잠을 자는 계절 이다.
2. "오늘은 날씨 가 너무 좋네. 우리 같이 소풍 갈까?"
3. "우리나라에는 네 개의 계절 이 있어. 함께 말해 볼까?"
4. "네가 좋아하는 날씨 가 많은 계절은 뭐야?"

★ 빈칸에 들어갈 어휘를 보기에서 찾아 쓰세요.

"나는 ☐☐ 중에 여름을 제일 좋아해."

겨울의 ☐☐ 는 매우 춥고, 눈이 오는 날도 있다.

★ 오늘 배운 어휘를 사용하여 한 문장 글쓰기를 해보세요.

 내가 좋아하는 계절인 가을의 날씨는 시원하다.

심화 학습어휘 한 해 동안 계절이 봄, 여름, 가을, 겨울로 변하는 이유는 무엇일까요? 지구가 태양의 주변을 계속해서 돌기 때문입니다. 3학년부터는 이런 지구의 움직임을 말하는 '공전'에 대해 배울 거예요.

 오늘의 글쓰기는 어땠나요? 빈 칸에 색칠해 보세요.

 너무 어려웠어요!
 살짝 어려웠어요!
 제 수준에 맞았어요.
 너무 쉬웠어요.

새로운 어휘를 배우게 된 오늘은 ◯월 ◯일

봄 날씨의 특징은 무엇일까?

19

★ 오늘의 글을 소리 내어 읽어 보세요.

황사 뜻 : 중국, 몽골에서 우리나라로 노란 모래바람이 부는 것.	봄 날씨의 특징을 말해 볼까요? 봄은 따뜻해요. 그런데 가끔 추울 때도 있어요. 아빠가 꽃샘추위라고 말씀하시던데요? 맞아요. 추운 날도 있죠. 봄 날씨의 다른 특징이 있을까요? **황사**라는 나쁜 모래바람이 불어요. **황사**가 심한 날에는 바깥 활동을 하면 안 돼요.
미세먼지 뜻 : 눈에 잘 보이지 않는 작은 먼지.	봄이 되니까 날씨가 정말 좋네. 우리 오늘 도시락 싸서 소풍 갈까? 엄마, 잠깐만요. 오늘 **미세먼지** 상태 좀 볼게요. 우리 영은이가 **미세먼지**를 알고 있구나! 오늘은 **미세먼지** 상태가 '좋음'이에요. 소풍 가도 될 것 같은데요? 다행이다. 봄에는 일교차가 크니깐 저녁에 입을 외투도 함께 가져가자.

문제로 익히는 어 휘 도 전

★ 오늘의 학습어휘를 소리 내어 읽으며 따라 쓰세요.

❶ 봄에는 | 황 | 사 | 가 심해 하늘이 누렇게 보인다.

❷ | 미 | 세 | 먼 | 지 | 가 많은 날에는 자동차에 먼지가 많이 쌓인다.

❸ " | 황 | 사 | 가 심한 날에 외출할 때는 마스크를 꼭 쓰고, 가급적 밖에 나가지 마세요."

❹ " | 미 | 세 | 먼 | 지 | 농도가 높은 날에는 운동장에 나갈 수 없어요."

★ 빈칸에 들어갈 어휘를 보기에서 찾아 쓰세요.

| 보기 | 황사, 미세먼지 |

" ☐☐ 가 심한 봄날에는 마스크를 쓰세요!"

봄에는 ☐☐☐☐ 가 많으므로 손을 자주 씻는다.

★ 오늘 배운 어휘를 사용하여 한 문장 글쓰기를 해보세요.

 예 황사와 미세먼지는 무엇이 다를까?

심화 학습어휘: 황사와 미세먼지는 '대기오염'을 일으키는 주요 원인이에요. 3~4학년에서 배울 대기오염은 황사, 먼지, 매연 같은 오염 물질이 공기와 섞여서 공기를 더럽게 만드는 것을 말합니다. 이렇게 오염된 공기가 우리 몸에 들어가면 안 되겠죠? 그러니 황사나 미세먼지가 많은 날에는 마스크를 꼭 쓰세요!

 오늘의 글쓰기는 어땠나요? 빈 칸에 색칠해 보세요.

 너무 어려웠어요!
 살짝 어려웠어요!
 제 수준에 맞았어요.
 너무 쉬웠어요.

새로운 어휘를 배우게 된 오늘은 ◯ 월 ◯ 일

20 여름 날씨의 특징은 무엇일까?

★ 오늘의 글을 소리 내어 읽어 보세요.

폭염

뜻 : 매우 심하게 더운 것.

- 🧑 여름 날씨의 특징을 말해 볼까요?
- 👧 여름은 더워요. 비가 오면 시원한데, 비가 오지 않는 날이 더 많아요.
- 🧑 맞아요. 해가 쨍쨍 뜬 날은 정말 덥죠. 이렇게 더운 날을 '**폭염**'이라고 하는 거 알죠?
- 👧 알아요. **폭염**이 있는 날엔 에어컨과 선풍기를 같이 켜고 시원한 수박을 먹는 게 제일 기분 좋아요.

장마

뜻 : 여름에 여러 날 동안 계속해서 비가 내리는 것.

- 👨 우리 이번 여름휴가는 언제 갈까?
- 👩 잠깐만요. 제가 올해 여름 **장마**가 언제부터 시작되는지 찾아볼게요.
- 👨 그래, **장마**를 피해 가야지. 아빠 비 오는 게 싫거든.
- 👩 7월이 **장마**네요. 그럼 8월에 갈까요?
- 👨 좋아. 그럼 이번 여름휴가는 마음껏 물놀이를 할 수 있는 해수욕장으로 갈까?

문제로 익히는 어휘도젠

★ 오늘의 학습어휘를 소리 내어 읽으며 따라 쓰세요.

1. 　폭　염　이 길어져 아이스크림이 많이 팔렸다.
2. 며칠 동안 계속해서 비가 내리는 　장　마　가 찾아왔다.
3. 　폭　염　이 있는 여름에는 자외선 차단제를 발라야 해요.
4. 　장　마　철에는 비가 많이 내려 습기가 많다.

★ 빈칸에 들어갈 어휘를 보기에서 찾아 쓰세요.

| 보기 | 폭염, 장마 |

며칠째 ☐☐ 이 계속되어 가뭄이 심해졌다.

이번 여름, ☐☐ 때 신으려고 새 장화를 샀다.

★ 오늘 배운 어휘를 사용하여 한 문장 글쓰기를 해보세요.

예) 나는 비가 시원하게 내리는 장마가 좋다.

심화 학습어휘 여름에는 햇볕이 쨍쨍해서 빨래가 잘 마릅니다. 빨래에 있는 물기가 공기 중으로 이동하는 걸 '증발'이라고 합니다. 여름에 땅이 마르는 것, 우산이 마르는 것도 모두 3~4학년에서 배우게 될 증발과 관련 있습니다.

 오늘의 글쓰기는 어땠나요? 빈 칸에 색칠해 보세요.

☆ 너무 어려웠어요! ○ 살짝 어려웠어요! △ 제 수준에 맞았어요. ☐ 너무 쉬웠어요.

새로운 어휘를 배우게 된 오늘은 ○월 ○일

가을 날씨의 특징은 무엇일까?

21

★ 오늘의 글을 소리 내어 읽어 보세요.

일교차

뜻 : 하루 동안 기온이 변하는 차이.

- 가을 날씨의 특징을 말해 볼까요?
- 가을은 시원해요. 가을바람도 살랑살랑 불고요.
- 맞아요. 가을은 여름보다 훨씬 시원하죠. 그래서 긴 소매 옷을 입어야 해요.
- 그런데 낮에는 더워요. 아침과 저녁에는 추운데.
- 가을엔 **일교차**가 크기 때문이에요. 하루 동안 기온이 크게 변화하는 게 가을 날씨의 특징이죠.

맑다

뜻 : 하늘에 구름 없이 햇빛이 밝은 상태.

- 원영아! 오늘은 하늘이 파랗고 정말 **맑다**.
- 정말요? 진짜 구름이 하나도 없네요. 완전히 파란색이에요.
- 이렇게 하늘이 **맑으니** 우리 놀이터로 놀러 갈까?
- 좋아요! 바람도 시원하게 불어서 재밌을 것 같아요. 저는 이렇게 **맑은** 날이 많은 가을이 좋아요!

문제로 익히는
어 휘 도 전

★ 오늘의 학습어휘를 소리 내어 읽으며 따라 쓰세요.

❶ " 일 교 차 가 큰 가을에는 저녁에 입을 옷을 챙겨야 해!"

❷ 10월에는 하늘이 맑 다 .

❸ "가을에는 일 교 차 가 크니까 감기를 조심해야 해!"

❹ 가을 하늘이 깨끗한 유리창처럼 맑 다 .

★ 빈칸에 들어갈 어휘를 보기에서 찾아 쓰세요.

| 보기 | 일교차, 맑다 |

가을에는 ☐☐가 커서 낮에는 덥고 아침과 저녁엔 춥다.

가을 하늘이 파랗고 ☐☐.

★ 오늘 배운 어휘를 사용하여 한 문장 글쓰기를 해보세요.

예) 오늘은 하늘이 참 맑다.

심화 학습어휘
가을 아침에 풀잎에 물방울이 맺힌 걸 본 적 있나요? 공기 중의 수증기가 물로 변해 풀잎에 달라붙은 것입니다. '서리'라고 부르죠. 이처럼 수증기가 물로 변하는 현상은 3~4학년에서 배울 '응결'과 관련 있습니다.

 오늘의 글쓰기는 어땠나요? 빈 칸에 색칠해 보세요.

 너무 어려웠어요!
 살짝 어려웠어요!
 제 수준에 맞았어요.
 너무 쉬웠어요.

22 겨울 날씨의 특징은 무엇일까?

새로운 어휘를 배우게 된 오늘은 ◯월 ◯일

★ 오늘의 글을 소리 내어 읽어 보세요.

뜻 : 크고 펑펑 내리는 눈.

- 겨울 날씨의 특징을 말해 볼까요?
- 겨울은 추워요. 아주 차가운 바람이 불어요.
- 맞아요. 겨울바람이 가을바람보다 훨씬 차갑죠. 그래서 겨울에는 모자나 장갑 같은 걸 가지고 다니는 게 좋아요.
- 겨울엔 눈이 내려요. 지난 겨울에는 **함박눈**이 많이 와서 동생과 같이 눈사람을 만든 기억이 나요.

뜻 : 물이 얼어서 딱딱해진 것.

- 얘들아, 학교 연못 봤어? 우리 학교 연못이 얼어서 초대형 **얼음**이 됐어!
- 진짜? 이번 겨울이 춥긴 한가 봐. 연못이 얼어 버릴 정도니.
- 나도 TV에서 봤는데 강도 얼어 버렸대. 그래서 거기서 **얼음**낚시를 하던데?
- **얼음**낚시가 뭐야?
- **얼음**에 구멍을 뚫어서 물고기를 잡는 거야!

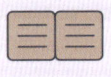

문제로 익히는 어휘도전

★ 오늘의 학습어휘를 소리 내어 읽으며 따라 쓰세요.

❶ 하늘에서 함박눈 이 펑펑 내린다.

❷ 겨울에는 날씨가 추워 강물이 얼음 처럼 꽁꽁 언다.

❸ "우리 다음 함박눈 이 오는 날에 눈싸움할까?"

❹ "저기 봐! 지붕 끝에 얼음 이 생겼네! 고드름 맞지?"

★ 빈칸에 들어갈 어휘를 보기에서 찾아 쓰세요.

| 보기 | 함박눈, 얼음 |

창밖에 □□□ 이 펑펑 내린다.

바닥에 있던 물이 얼어서 □□ 이 되어 버렸네!

★ 오늘 배운 어휘를 사용하여 한 문장 글쓰기를 해보세요.

 얼음이 얼고, 함박눈이 내리는 겨울이 좋다!

심화 학습어휘

겨울에는 기온이 낮아져 물이 업니다. '액체'였던 물이 '고체'인 얼음이 되는 것이죠. 3~4학년에서는 액체, 고체, '기체'에 대해 배울 건데요. 물, 주스, 우유 같은 것들이 액체이고 얼음, 연필, 지우개 같은 것들이 고체예요. 그럼, 기체는 뭘까요?

 오늘의 글쓰기는 어땠나요? 빈 칸에 색칠해 보세요.

 너무 어려웠어요!   살짝 어려웠어요!  제 수준에 맞았어요.   너무 쉬웠어요.

새로운 어휘를 배우게 된 오늘은 월 일

23 과거와 미래 중에서 하나를 골라 볼까?

★ 오늘의 글을 소리 내어 읽어 보세요.

뜻 : 이미 지나간 일. 어제는 과거다.

- 우리 가족은 지난 주말에 캠핑장에 다녀왔어.
- 나는 어제 치킨을 먹었어.
- 둘 다 **과거**에 있었던 일이네?
- 그럼 이번 주말엔 뭐 할 거야?
- 그건 잘 모르겠는데. 넌 내일 뭐 먹을 거야?
- 음……. 미래의 일을 결정하는 건 참 어려워!

뜻 : 앞으로 다가올 일. 내일은 미래다.

- 지원아, 너는 과거와 **미래** 중에서 딱 하나만 고를 수 있다면 뭘 고를 거야?
- 나는 과거! 과거로 돌아가서 아기가 되는 거야. 너는?
- 나는 **미래**! 나는 빨리 자라서 어른이 되고 싶어.
- 좋은 생각이야. 그럼 멋진 어른이 되려면 현재에는 무엇을 해야 할까?

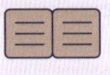

문제로 익히는 어휘도전

★ 오늘의 학습어휘를 소리 내어 읽으며 따라 쓰세요.

1. 과 거 는 이미 지나간 일이다.
2. 미 래 는 앞으로 다가올 일이다.
3. 과 거 와 미래 사이엔 뭐가 있을까? 현재가 있다.
4. 현재를 어떻게 보내느냐에 따라 미 래 가 변할 수 있다.

★ 빈칸에 들어갈 어휘를 보기에서 찾아 쓰세요.

| 보기 | 과거, 미래 |

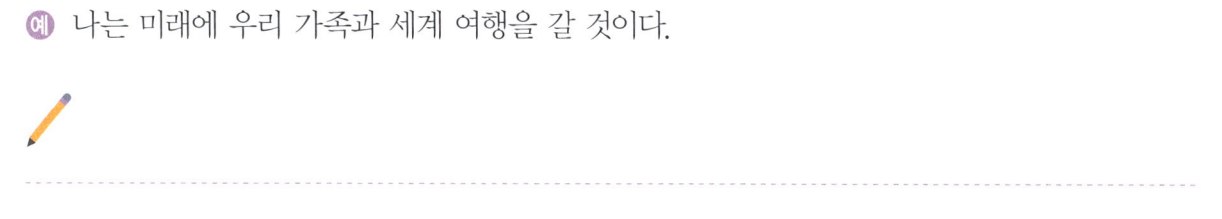

"나는 ☐☐ 에 아기였을 때 곰 인형을 좋아했어."

"나는 ☐☐ 에 중학생이 될 거야."

★ 오늘 배운 어휘를 사용하여 한 문장 글쓰기를 해보세요.

예) 나는 미래에 우리 가족과 세계 여행을 갈 것이다.

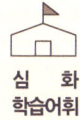

심화 학습어휘

3~4학년에서는 '화석'이라는 학습어휘를 배우게 될 거예요. 화석은 과거에 살았던 동물과 식물의 흔적이 있는 돌을 가리키는 말이에요. 화석과 함께 '퇴적암'이라는 돌도 배우게 될 건데, 퇴적암은 어떻게 생겼을까요?

오늘의 글쓰기는 어땠나요? 빈 칸에 색칠해 보세요.

  너무 어려웠어요! 살짝 어려웠어요!  제 수준에 맞았어요. 너무 쉬웠어요.

145

새로운 어휘를 배우게 된 오늘은 ◯월 ◯일

24 내가 할 수 있는 자연보호 방법은 무엇일까?

★ 오늘의 글을 소리 내어 읽어 보세요.

뜻 : 자연이 파괴되지 않도록 지키는 일.

- 엄마! **자연보호**는 어떻게 하는 거예요?
- 우리가 집에서 하는 것 중에도 **자연보호**가 있단다. 네가 저녁마다 재활용 쓰레기를 버리는 것도 **자연보호**라고 할 수 있지.
- 그것도 **자연보호**라고요?
- 물론이지! 재활용 쓰레기를 잘 구분해 버리는 것도 자연이 파괴되지 않도록 도움을 주는 일이니까.

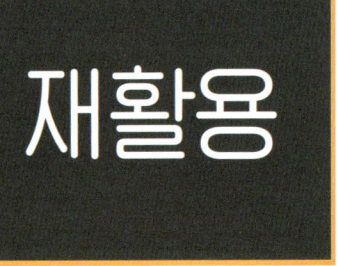

뜻 : 사용하지 못하는 물건을 다시 쓰는 일.

- 우와! 지아야, 너 가방 샀어?
- 아니, 산 건 아니고 엄마가 만들어 주셨어.
- 가방을 만들어 주셨다고? 뭐로 만든 건데?
- 어렸을 때 입던 청바지가 너무 작아서 이젠 못 입거든. 그래서 엄마가 그 청바지를 **재활용**해서 이렇게 가방을 만들어 주셨어.
- 그럼 **재활용** 가방이네? 근데 정말 예쁘다.

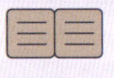

문제로 익히는
어 휘 도 젠

★ 오늘의 학습어휘를 소리 내어 읽으며 따라 쓰세요.

❶ 우리가 할 수 있는 ☐자☐연☐보☐호☐ 방법에는 뭐가 있을까?

❷ 음식물 쓰레기를 ☐재☐활☐용☐ 하여 가축의 먹이로 주는 건 어떨까?

❸ 우리 학교 주변에 있는 쓰레기를 줍는 것도 ☐자☐연☐보☐호☐ 아닐까?

❹ ☐재☐활☐용☐ 하기 쉽게 분리수거를 바르게 해볼까?

★ 빈칸에 들어갈 어휘를 보기에서 찾아 쓰세요.

| 보기 | 자연보호, 재활용 |

이 산은 ☐☐☐ 지역이다.

지아의 가방은 어릴 때 입던 청바지로 만든 ☐☐☐ 가방이다.

★ 오늘 배운 어휘를 사용하여 한 문장 글쓰기를 해보세요.

예) 내가 입은 옷은 페트병을 재활용하여 만든 것이다.

심화 학습어휘

100년 뒤, 우리가 보는 자연이 그대로 남아 있을까요? 우리가 열심히 자연보호를 한다면 가능할까요? 그래서 우리는 '지속 가능성'을 생각하며 행동해야 합니다. '지속 가능성'은 현재 상태를 계속해서 유지하는 능력을 말합니다. 조금 어렵죠? 3학년부터는 조금 더 자세히 배울 거예요.

오늘의 글쓰기는 어땠나요? 빈 칸에 색칠해 보세요.

★ 너무 어려웠어요!   ● 살짝 어려웠어요!   △ 제 수준에 맞았어요.   □ 너무 쉬웠어요.

어휘 찾아보기

국어

-ㄱ-

경청	30
경험	60
고운 말	50
그림일기	38
글자	24
꾸미는 말	48
끝말잇기	44

-ㄴ~ㄹ-

낭송	52
내용	42
단어	34

-ㅁ-

마음	46
말놀이	44
매체	62
모습	56
모음자	28
문장	34
문장부호	36
물건	58

-ㅂ~ㅅ-

바른말	50
받침	32
부호	36
생각	60
소개	58
소리	54
순서	40

-ㅇ~ㅊ-

암송	52
예절	40
인터넷 매체	62
일기	38
자신감	42
자음자	26
짐작	46
집중	30

-ㅍ~ㅎ-

표기	54
한글	24
흉내	56

수학

1m	92

-ㄱ-

가르기	66
곱셈	90
곱셈구구	90
규칙	96
기준	84
길이	82

-ㄴ~ㄹ-

낱개와 더해 세기	86
네 자릿수	88
단위	82
덧셈	68
뛰어서 세기	72

-ㅁ~ㅂ-

모으기	66
무게	70
무늬	96
묶어 세기	86
백(100)	74
분류	84
비교	70
뺄셈	68

-ㅅ~ㅇ-

사각형	76
삼각형	76
세 자릿수	74
시각	94
시간	94
어림	92
원	76

-ㅈ~ㅎ-

짝수	80
천(1000)	88
칠교놀이	78
하나씩 세기	72
홀수	80

통합

-ㄱ-

가족	106
계절	134
과거	144
관심	106
교실	118

국기	124		이웃집	110
급식실	118		일교차	140

-ㄴ~ㅁ-

날씨	134		자연보호	146
마을	120		장마	138
맑다	140		재활용	146
모습	120		전통	126
몸	104		존중	114
문화	126		청결	100
미래	144		친척	108
미세먼지	136			

-ㅈ~ㅋ-

-ㅌ~ㅎ-

			태극기	124

-ㅂ-

배려	114		폭염	138
백화점	122		하루	132
버릇	102		학교	116
변화	132		함박눈	142
별자리	130		황사	136
부분	104			

-ㅅ-

사촌	108
세계	128
소독	100
습관	102
시장	122

-ㅇ-

안전	112
얼음	142
여행	128
우주	130
운동장	116
위험	112
이웃	110

이 책에 나온 학습어휘와 주제

	첫째 마당		
01	**한글, 글자** 이건 무슨 글자일까?	16	**소리, 표기** 소리 나는 대로 썼는데 왜 틀렸을까?
02	**자음자** 'ㄱ'부터 'ㅎ'까지 쓸 수 있을까?	17	**흉내, 모습** 흉내 내는 말을 넣어 글을 써 볼까?
03	**모음자** 'ㅏ'와 'ㅓ'는 어떻게 읽을까?	18	**물건, 소개** 내가 좋아하는 물건을 소개해 볼까?
04	**집중, 경청** 선생님께서는 어떤 말을 자주 사용하실까?	19	**경험, 생각** 생일에 나는 어떤 경험을 했을까?
05	**받침** 받침이 있는 글자를 읽고 써 볼까?	20	**매체, 인터넷 매체** 인터넷 매체가 뭘까?
06	**단어, 문장** 그림에 어울리는 문장을 써 볼까?		둘째 마당
07	**문장부호, 부호** 마침표(.), 쉼표(,), 물음표(?), 느낌표(!), 큰따옴표(" ")는 언제 쓸까?	01	**가르기, 모으기** 가르기와 모으기를 해볼까?
08	**일기, 그림일기** 그림일기는 어떻게 쓰는 걸까?	02	**덧셈, 뺄셈** 덧셈과 뺄셈이 뭘까?
09	**순서, 예절** 점심시간, 우리가 지켜야 할 일은 뭘까?	03	**무게, 비교** 둘 중에 더 무거운 건 무엇일까?
10	**자신감, 내용** 자신 있게 말하려면 무엇이 필요할까?	04	**하나씩 세기, 뛰어서 세기** 50까지 수 세기를 해볼까?
11	**말놀이, 끝말잇기** 우리 말놀이 할까?	05	**백, 세 자릿수** 100원이 다섯 개 있으면 얼마일까?
12	**마음, 짐작** 인물의 마음을 짐작해 볼까?	06	**원, 삼각형, 사각형** 우리 반에서 ○, △, □ 모양을 찾아볼까?
13	**꾸미는 말** 꾸미는 말을 넣어 글을 써 볼까?	07	**칠교놀이** 칠교놀이는 어떻게 하는 걸까?
14	**바른말, 고운 말** 바른말, 고운 말을 써 볼까?	08	**홀수, 짝수** 홀짝놀이를 해볼까?
15	**낭송, 암송** 시는 어떻게 읽어야 할까?	09	**단위, 길이** 지우개로 교과서의 길이를 재 볼까?
		10	**분류, 기준** 블록을 색깔별로 분류해 볼까?

11	묶어 세기, 낱개와 더해 세기 묶어 센다는 게 뭘까?	10	교실, 급식실 우리 학교에는 어떤 교실이 있을까?
12	천, 네 자릿수 1000원이 다섯 장 있으면 얼마일까?	11	마을, 모습 우리 마을엔 무엇이 있을까?
13	곱셈, 곱셈구구 곱셈구구란 무엇일까?	12	시장, 백화점 시장, 마트, 백화점은 뭐가 다를까?
14	1m, 어림 1m짜리 막대 과자를 만들어 볼까?	13	국기, 태극기 우리나라 국기는 어떻게 생겼을까?
15	시각, 시간 지금 시각이 몇 시야? 시간이 몇 시야?	14	전통, 문화 우리나라의 전통문화를 알아볼까?
16	무늬, 규칙 바닥 무늬에서 규칙을 찾아볼까?	15	세계, 여행 다른 나라로 여행을 가 볼까?
	셋째 마당	16	우주, 별자리 우주를 탐험해 볼까?
01	청결, 소독 내 몸을 깨끗하게 하는 방법은 무엇일까?	17	하루, 변화 하루 동안 내 몸무게는 어떻게 변할까?
02	습관, 버릇 어떻게 좋은 습관을 만들 수 있을까?	18	계절, 날씨 한 해 동안 계절은 어떻게 변할까?
03	몸, 부분 내 몸에는 어떤 부분이 있을까?	19	황사, 미세먼지 봄 날씨의 특징은 무엇일까?
04	가족, 관심 우리 가족을 소개해 볼까?	20	폭염, 장마 여름 날씨의 특징은 무엇일까?
05	친척, 사촌 사촌은 나와 어떤 관계일까?	21	일교차, 맑다 가을 날씨의 특징은 무엇일까?
06	이웃, 이웃집 좋은 이웃이 되는 방법은 뭘까?	22	함박눈, 얼음 겨울 날씨의 특징은 무엇일까?
07	위험, 안전 조심해! 안전하게 길을 건너 볼까?	23	과거, 미래 과거와 미래 중에서 하나를 골라 볼까?
08	존중, 배려 친구를 어떻게 대해야 할까?	24	자연보호, 재활용 내가 할 수 있는 자연보호 방법은 무엇일까?
09	학교, 운동장 학교에 가면 뭘 할까?		

참고문헌

국어	2015 개정 교육과정 국어과 교육과정
	2015 개정 교육과정 국정 초등학교 1~2학년 국어 교과서와 지도서(교육부)
	신헌재 외(2015). 초등국어교육학 개론. 박이정출판사

수학　　2015 개정 교육과정 수학과 교육과정
　　　　2015 개정 교육과정 국정 초등학교 1~2학년 수학 교과서와 지도서(교육부)
　　　　네이버 지식백과

통합 교과　2015 개정 교육과정 국정 초등학교 1~2학년 학교, 봄, 가족, 여름, 마을, 가을, 나라, 겨울 교과서와 지도서(교육부)
　　　　2015 개정 바른생활, 슬기로운생활, 즐거운생활 교육과정
　　　　2022 개정 바른생활, 슬기로운생활, 즐거운생활 교육과정 시안
　　　　네이버 지식백과
　　　　천재학습백과 봄여름가을겨울 용어사전

하루 10분 문해력 글쓰기: 초등 1·2학년용

초판 1쇄 발행 | 2022년 12월 10일
초판 2쇄 발행 | 2024년 10월 10일

지은이 | 박재찬
발행인 | 이종원
발행처 | (주)도서출판 길벗
출판사 등록일 | 1990년 12월 24일
주소 | 서울시 마포구 월드컵로 10길 56(서교동)
대표 전화 | 02)332-0931 | 팩스 · 02)323-0586
홈페이지 | www.gilbut.co.kr | 이메일 · gilbut@gilbut.co.kr

기획 및 책임편집 | 최준란(chran71@gilbut.co.kr) | 디자인 · 강은경 | 본문 일러스트 · 윤혜영 | 제작 · 이준호, 손일순, 이진혁
마케팅 · 이수미, 장봉석, 최소영 | 유통혁신 · 한준희 | 영업관리 · 김명자, 심선숙, 정경화 | 독자지원 · 윤정아

편집 및 교정 · 장도영프로젝트 | 전산편집 · 박은비 | CTP 출력 및 인쇄 · 교보피앤비 | 제본 · 경문제책

- 잘못된 책은 구입한 서점에서 바꿔 드립니다.
- 이 책에 실린 모든 내용, 디자인, 이미지, 편집 구성의 저작권은 길벗과 지은이에게 있습니다.
  허락 없이 복제하거나 다른 매체에 옮겨 실을 수 없습니다.

ISBN 979-11-407-0229-9　73710
(길벗 도서번호 050196)

ⓒ박재찬, 2022

독자의 1초를 아껴주는 길벗출판사
(주)도서출판 길벗 | IT교육서, IT단행본, 경제경영, 교양, 성인어학, 자녀교육, 취미실용 www.gilbut.co.kr
길벗스쿨 | 국어학습, 수학학습, 어린이교양, 주니어 어학학습, 학습단행본 www.gilbutschool.co.kr